伝えるための教科書

川井龍介 著

ア新書 794

はじめに

毎日、私たちの周りでは、言葉で何かを伝えようとする行為が繰り返されています。メールで仕事に関する用件を伝える。ＬＩＮＥで友達に気持ちを伝える。チラシやダイレクトメールで商品の案内をする。作文で大学の志望理由を書く。会議の内容を報告書にまとめる。レシピで料理の作り方を説明する。お世話になった人にお礼の手紙を書く……。中高生のみなさんも、社会に出れば、とくに文書の形で伝える機会は格段に増えます。

これらの文書は、みな何らかの目的を担《にな》って誰かに何かを伝えようとするものです。しかし、目的が達成されたか、つまり正確に伝わったかというと、必ずしもそうとは限りません。「伝える」ことと「伝わる」ことは微妙に違います。自分では伝えたつもりでも、内容がわかりにくくて無視されたり、問い合わせの手間をかけたり、あるいは気持ちがうまく伝えられずに相手の気分を害してしまったりするということは、頻繁《ひんぱん》に起こっています。文書によって、自分の気持ちや事実を的確に伝えるのは、それほどむずかしいことなのです。

それどころか、書いても読んでもらえないことがあるのが現実です。みなさんの過ごす学校という場では、何か文書を書けば最後まで読んでもらえるのが当たり前でしょう。しかし社会に出れば、書いても読まれない文書はたくさんあります。伝えるためには、まずどうしたら読んでもらえるのか、から考えなくてはならない場合もあるのです。これは、文章を書くための技術よりも先に考えるべきことです。

この本では、「伝わるための伝え方」について考えます。まずⅠでは、伝わる文書を書くための心得として六つの要点を挙げました。例えば、最初に挙げたのは、「相手のことを考えよう」です。いくら格調高い立派な文章を書いても、それが相手の理解の範囲を超えていれば、その内容は伝わりません。また、いくら詳しく長々と説明しても、時間のない人にはそれは読まれないでしょう。この六つの心得は、どんな文書を書くときにも通用する基本です。

Ⅱでは、この心得をもとに、依頼や謝罪などの具体的なケースごとに例文を示して、文書のつくり方を考えます。例文を書くのは、高校生や大学生という設定になっていますが、社会人でも遭遇しうるようなケースばかりですので、「伝える」のが苦手な大人の方にとっても十分参考になると思います。

ところで、この本では「文章」と「文書」という二つの言葉が何度も出てきます。似たような言葉で、違いがわかりにくいところもあると思いますので、どのような意味で使っているかを少し説明しておきます。

文章とはふつう、複数の文からなるものをいいますが、「私は今日大学を受験しました。」という一つの文を文章と呼ぶこともあれば、読書感想文のようないくつもの文がまとまったものを文章と呼ぶことがあり、多義的な言葉です。これに対して、文書は一般に実用的な文章のまとまりを意味します。学校内の通信や仕事上の依頼書などがその例です。この本では、「実用的」という意味を広くとらえて、大学志望の作文など、何か具体的な目的をもってまとめられた文章をすべて文書と呼んでいます。

この本は、タイトルに「教科書」とついていますが、専門的な研究に基づいた解説書ではありません。記者や編集の仕事をしてきた私自身の体験や、新聞記者など言葉に関わる仕事に就《つ》いている友人らの経験や知識を参考にして、「伝える」という目的を達成するための方法を示した、一つの実践的な方法論です。

人に何かを伝えるには、細やかな配慮や工夫が必要です。みなさんは今後、受験や就職活動、仕事など、日々社会とのかかわりが深まっていくなかで、「うまく伝えるためにはどうしたらいいのか」と、考えることが多くなっていくでしょう。そうしたときにこの本が少しでも役に立てば、著者としてうれしい限りです。

目　次

イラスト＝ｍａｔｓｕ（マツモト　ナオコ）

Ⅰ　「伝える」ための心得六カ条

Ⅰでは、すべての文書を書く上で重要な六つの心得を学びます。書く前の心構えから、文章の整理法まで、とくに若い人が陥《おちい》りがちなポイントをまとめています。必要があれば、常にこの心得に戻って考えましょう。

心得
その一

まず相手のことを考えよう

受け手によって投げる球を変える

キャッチボールをするときのことを想像してみてください。キャッチボールは、相手を打ち負かすためにするのではなく、相手とのボールのやりとりを続けることが目的です。だから、互いに相手がボールを無理なく受け取れるようにするのがふつうです。

もし、あなたが高校の野球部の生徒で、野球をしはじめて間もない近所の小学生とキャッチボールをすることになったらどうでしょう。日頃、部活でするのとはかなり違ったやり方をするのではないですか。

まず球を投げるときには、ゆっくりとしたスピードで、相手が捕りやすいところ、ちょうど胸のあたりに投げようとするでしょう。距離も、相手が捕りやすく、また相手の球が届くあたりにしないといけません。さらに、相手の能力や性格によっても、投げ方を変える必要があります。初心者でも運動が得意で積極的な性格の子なら、少し速い球を投げてみるのもいいかもしれません。反対に、運動が苦手で自信がない子なら、はじめはできるだけ簡単に捕れる球を投げるほうがいいでしょう。また、そのときの状況も関係してきます。塾に行くまでのちょっとした時間のキャッチボールなのか、日が暮れるまでずっとやっていたいのか。それによっても投げ方やキャッチボールのやり方自体が変わってきます。

実際には、これらを一つひとつ確認しながらキャッチボールをすることはないでしょうが、よく知っている子が相手なら、理屈は抜きに、あなたは瞬時のうちにこうしたことを感じ取って対応の仕方を変えるはずです。

ひとりよがりに気をつけよう

言葉のやりとりもキャッチボールと同じように、受け取る相手に応じて表現や手段を変える必要があります。そうすることで、言葉というボールが相手の心というグラブに収まります。

しかし、言葉にはさまざまな伝達手段があり、相手が目の前にいるとは限りません。そのため、とくに文書で何かを伝えようとするときには、途中までは読み手のことを考えていたのに、書くのに四苦八苦《しくはっく》しているうちに、つい忘れてしまうことがよくあります。

あるいは、すらすらと書けたと思っても、読み直してみると内容が相手の知りたいことからはずれてしまっていることがあります。例えば、修学旅行に参加できなかったクラスメートのA君のために報告書を書いてあげたとします。そこには、みんながホテルや遊園地でどんなに楽しく過ごしたかということばかり書いてあって、A君が一番知りたいと言っていた会社見学のことが全く含まれていなかったら、A君はがっかりするかもしれません。

書いている当人は一生懸命だったのですが、いつしか受け取る側が求めているものを意識するのを忘れてしまい、代わりに自分がおもしろかったこと、自分が言いたいことばかりを書いてしまって、ひとりよがりの文章になっていたのです。これは、キャッチボールで言えば、相手は練習のためにいろいろな球種を受けてみたいと思っているのに、自分は、自信のあるストレートばかり投げて喜んでいるようなものです。

読んでもらえるとは限らない

社会では、問い合わせや依頼書やお礼状などの文書が、日常的にたくさん使われています。それらの文書は、ただ相手に渡して読んでもらえばよいのではなく、その内容を相手に理解してもらって、初めて目的を達成する性格のものです。

そこには必ず読んで理解してもらいたい相手がいます。それは不特定多数だったり、面識も親交もない個人だったり、あるいは親しい人だったりと、時と場合によってさまざまです。学校で書く作文や感想文を読む相手は、たいてい先生です。先生は、文章が読みやすくても読みづらくても、その内容を理解しようと丁寧に読み、わかりづらければ指導してくれます。それが先生の仕事です。

しかし、社会でやりとりされる文書の読者は、そうではありません。わかりづらかったら読まずに放っておくかもしれませんし、誤解して送り手との間でトラブルになるなど大変な結果になるかもしれません。これはある程度避けられないことですが、できるだけそうならないために、多種多様な読み手に応じて、伝え方、文章の書き方を変えることが求められます。どうしたら相手にとって読みやすく、理解しやすい文章になるかを考え、相手によって工夫することが必要なのです。

相手はどんな人？

相手に応じて文章の書き方を変えるには、まず、書きはじめる前に相手のことを考えなければいけません。手紙など、相手が特定している場合なら「これを読むあの人はいったいどんな人だったかな」などと改めて考えたり、アンケートや記事など、特定できない場合は「どういう人（たち）が読者になるのだろうか」と想像を膨《ふく》らませないといけません。しかし、どういう人かは、何を基準に考えたらいいでしょうか。

まず、「自分とどういう関係にある人か」という点から考えると、重要なのが相手が目上の人かどうかです。目上の人というのは、先輩や先生、上司、年上の親戚などを指します。目上の人には失礼にならないように、例えば敬語を使うという配慮《はいりょ》が必要です。

知っている人かどうか、というのも基準になるでしょう。知らない人や特定できない相手に文書を送る際は、ふつう、目上の人に対して書くのと同じように、敬語を使います。

このほか、相手について考える上での基準には、その人が男性か女性か、年齢はいくつか、職業は何か、どこに住んでいる人なのかなど、客観的な事柄(属性)だけでもたくさんあります。これに加えて、忙しそうな人とか、繊細な人とか、間違いに厳しい人というように、相手の性格や置かれている状況なども一つの基準になりえます。

文書を書く前には、こうしたさまざまな基準にそって、わかる範囲で相手がどういう人なのかを確認、あるいは想像し、それによって伝え方を変えるのです。

相手によって何を変えるのか

相手に応じて変えるのは、敬語など、文章の表現だけではありません。どんな手段で文書を送るのか、形式や分量はどうするか、字のサイズはどうするか、などを考えます。

文書は、大きく分けて、Eメールなど電子データで送る場合と、文書を紙で送る場合があります。一番くだけているのは、みなさんにとって身近なＬＩＮＥでのやりとりでしょう。しかし、社会に出たら、ＬＩＮＥでのやりとりはまずないと考えられます。頻繁《ひんぱん》に使われるのはメールで、本文で用件を済ませてしまうこともあれば、書類のファイルを添付《てんぷ》する場合

もあります。紙の場合も、手書きの手紙や原稿もありますし、ワープロで作成した案内状や報告書もあります。

一般に、手紙のほうがメールよりも丁寧とされています。とくに、年齢が高いほどそういう認識をもつ人は多いので、大人の人にきちんとお礼の気持ちを表したいならば、手紙のほうがいいでしょう。しかし、できるだけ早く伝える必要がある場合や、相手が各地を駆《か》け回るビジネスマンのような人の場合など、メールのほうが都合のいいときもあります。

メールで気をつけなくてはいけないのは、友達どうしのＬＩＮＥやメールのやりとりをするように気軽に考えてしまうことです。とくに若い人から目上の人へのメールには、話し言葉が混じってしまうケースが見られますが、手紙と同じように書き言葉を使わなくてはいけません。また、メールの場合、漢字変換や予測変換の際に、自分では正しく入力したつもりでも思わぬ間違いをしがちです。間違いを見過ごしてそのまま送ってしまうことがないように、送る前には手紙よりも慎重な見直しが必要です。

また、「心得その三」で紹介しますが、手紙にも、「拝啓《はいけい》」や「敬具《けいぐ》」などという言葉を付けて書く正式なものと、もう少しくだけたものがあります。くだけたものにも程度があるので、相手によって相応《ふさわ》しいものに変えなければいけません。

分量や文字のサイズについての配慮も大切です。相手が高齢なら多少大きな字で書いたほうがいいでしょうし、多忙な人に長いメールなど送っても、読まれない可能性があります。また、状況に応じて件名に「緊急」「一〇日までにお返事下さい」とつけるなどの工夫が必要でしょう。

状況も想像しよう

さらに、同じ文書を読んでも、読むときの状況や精神状態によって受け取り方は変わります。相手が病気だったり、試験勉強の最中だったり、何か忙しい仕事を抱《かか》えているとわかったときは、緊急の用事でなければ連絡を控《ひか》えたり、負担をかけないような短い内容にするほうがいいでしょう。相手がどこか遠くにいる人でも、その人の置かれている環境や状況を想像することは絶対に必要です。

しかし、予想できることばかりではないので、いろいろな可能性を考慮して先回りして言葉を添えることがあります。例えば、「回答の期限が過ぎていますので、ご返答のほど、よろしくお願いします」と書くと同時に、「もし、この手紙と入れ違いにご回答いただいている場合は、何卒《なにとぞ》ご容赦《ようしゃ》下さい」と書き添えることがあります。同じように、「この手紙が届くころに、すでに試験のご準備がはじまっていたとしたら、余計なことでお時間をとっていただく結果となり、申し訳ありません」というように断っておくと、書き手の心遣いが伝わるでしょう。

あれこれ過剰《かじょう》になったり、堅苦しく考えすぎる必要はありませんが、やみくもに自分の言いたいことを伝えようとするのではなく、どうしたら相手に気持ちよく読んでもらえるかを考えることが大事です。想像力を働かせて、自分のできる範囲で工夫する気持ちが基本です。

敬語の心構え

ここまで、相手について考え、それによって伝え方を変える、ということをお話ししてきました。それは、いかに上手に文章を書くか、といったことよりも大事な心構えなのですが、意外と見落とされがちです。

これに対して、みんなが気をつけなければいけないと意識していながら、うまく使えないのが、「敬語」でしょう。敬語は、就職活動など「大人社会」との関係ができてくるとどうしても必要になります。細かな使い方の違いを知っているに越したことはありません。しかし、状況に応じて素早く使い分けるのがむずかしいのも事実です。

敬語は、尊敬語、謙譲《けんじょう》語、丁寧語の三つに分かれることは、聞いたことがあると思います。尊敬語は、「先生がいらっしゃった」「社長がおっしゃった」というように、話題になっている人に対して尊敬の念を表すものです。謙譲語は、「こちらから伺《うかが》います」のように、自分についてへりくだって言うことで、結果として相手を敬う言葉遣いです。また、丁寧語は

「～です」「～ます」「～ございます」のような丁寧な言い方を指します。

一般に、相手が目上であればあるほど、また自分との関係が遠くなればなるほど（親しくなくなるほど）、丁寧な表現をします。例えば、自分の会社の社長には、ふつう尊敬語を使って話したり、メールを書いたりします。しかし、他社の人に自分の会社の社長の話をするときには、「わが社の社長さんが、～とおっしゃっていました」とは言いません。「弊社《へいしゃ》の社長が、～と申しておりました」などと謙譲語を使います。これは、他社の人の前では、社長はいわば自分の「身内」であり、より近い関係にあると考えられるからです。同様に自分の父親のことも、他人の前では「うちの父が……」と言い、「うちのお父さんが……」とは言いません。

丁寧語はみなさんも作文などでよく使っていると思いますが、「尊敬語」「謙譲語」というのは、一つずつ覚えていかなければなりません。例えば、「行く」は尊敬語だと「いらっしゃる」、謙譲語だと「伺う」「参《まい》る」、というようにです。慣れるまでは間違ってしまうこともあるでしょうが、敬語については詳しく書かれたものがたくさんあるので、国語辞典のように一つは手元に置いて、その都度《つど》確認して覚えていくとよいでしょう。いつも気をつけて、自分で調べてみることが大事です。

そして、もしとっさに尊敬語や謙譲語が出てこないときは、心を込めて丁寧語を使うことをお勧《すす》めします。「明日、伺います」と言えなくて、「明日、そちらへ行きたいと思います。忙しいのに僕のためにありがとうございます。どうぞよろしくお願いします」と言えばよいのです。あなたが高校生ならば、それで怒る人はいないでしょう。形式よりも、大事なのは、相手を敬う気持ちです。

過剰な敬語より心を込めて

きちんと敬語の本にあたったり、自分で考えることをしないで、周りで使われている敬語的な表現を真似《まね》して使うのは危険です。

最近よく言われるのは、若い人たちの敬語が過剰だということです。とくに、「~させていただきます」という言い方が取り上げられます。この表現は、テレビのニュースキャスターなど、影響力の強い人たちも必要以上に使うようになっているので、要注意です。

「~させていただきます」というのは、許可を得るのとへりくだるのがあわさった言い方です。例えば若いタレントが「これから一生懸命頑張らさせていただきます」と言うのを耳にします。しかし、「頑張る」というのは、本人の自主的な意思なので、許可はいりません。「一生懸命頑張ります」で十分なはずです。同じように、お客に列車のチケットの払い戻しを頼まれた駅の窓口の人が、「それでは払い戻させていただきます」と言うのも変です。頼んでいるのはお客さんのほうだからです。

本当は「変だな」と思っている人でも、みんながそうやって使っているので、そう言わないと逆に失礼に思われてしまうのではないかと心配になってしまうようです。そして、どんどん敬語らしき形が重ねられていくのでしょう。

また、若い人が飲食店やコンビニなどのアルバイトで、接客のためのマニュアルを通して敬語を覚えることも、形式的で過剰な敬語が広まる原因の一つでしょう。大手のチェーン店では、一番無難《ぶなん》な言い方を、形式的・機械的に教えることがあります。これによって現場で働く人は、相手がお年寄りでも子どもでも同じように接する傾向があるようです。

しかし、マニュアルにそって「いらっしゃいませ、こんにちは」というあいさつをお客に背を向けて言うよりも、「いらっしゃいませ」と相手の顔を見ながらにっこりする方が好感をもたれるのではないでしょうか。ときどき訪れるお客なら「いつもどうもありがとうございます」、外が雨なら「雨のなかありがとうございます」と声をかけることも効果的です。

これと同じで、文書でも、形式だけの敬語や過剰な敬語は、かえって相手の心には届かず、まどろっこしい感じがして内容の理解を妨《さまた》げることにもなります。敬語という形をとらなくても、素直な気持ちや相手への真心を込めることはできるのです。

親しい人だからこそ要注意

敬語を使わなければいけない目上の人や知らない人に向けた文章を書くとき、みなさんは緊張して気を遣うでしょう。では反対に、仲のいい人に対してはどうでしょう。

仲の良い友達どうしが突然、あるやりとりをきっかけにケンカをしたり、疎遠《そえん》になったりすることがあります。それは、会話が原因のこともありますが、メールのように書いた文章が原因になることもよくあります。メールは、相手の反応が見えないので、要注意です。とくに、相手の性格や能力、外見などについての否定的な表現には気をつけましょう。

例えば、Aさんは、友達のBさんへのメールに、「Bちゃんは、細かいことにはこだわらないし、おおざっぱだから、大丈夫だと思うけど……」と、書きました。Aさんは、「おおらか」だという意味で、親しみを込めて「こだわらない」、「おおざっぱ」と表現したのです。しかし、受け取ったBさんは、そのままの意味にとってカチンと来てしまいました。

もし同じ内容を、直接会って話していたら、きっと違っていたでしょう。Aさんは、親しい間柄ならではの少しからかうようなニュアンスをこめて、笑って陽気に話すでしょう。その調子はBさんにも伝わりますから、Aさんの真意は理解できます。もし、Bさんがちょっと気に障《さわ》ったとしても、それもまた微妙な表情として表れるので、Aさんもすぐに、「ちょっとまずかったかな」と気がついて、「気分を悪くしたらごめん」と謝ることができます。

人と人が向き合ってするコミュニケーションでは、表情や口調など、さまざまな情報を互いに瞬時にキャッチしてまた発信しています。これに対して書き言葉というのは、書き手がどんなに気持ちを込めても、相手に伝わるのは書いた言葉（文字）がすべてです。声も表情もありません。このことについては「心得その四」で詳しく考えます。ここでは、相手が親しい友達であっても、まず相手の気持ちを考えてから文章を書くようにする、ということを覚えておきましょう。相手が誰であっても、それは変わらないのです。

・相手を想像し、相手に合った伝え方を考える
・相手を考える基準は、自分との関係、相手の属性、状況など
・相手によって変えるのは、手段、形式、表現など
・目上の人には敬語を使うが、無理して使うよりも丁寧に気持ちを込めるほうが大事

心得 その一
まず相手のことを考えよう

心得　その二

テーマと見出しを意識しよう

テーマの重要性

「伝える相手について想像する」の次は、「伝える内容を明確にする」ということをお話しします。書く前に自分はいったい何について書くのか、別の言葉でいうならば、書こうとする文書のテーマは何かをはっきりさせておくことの大切さについてです。

テーマというのは、その文書の主題をいいます。その文書が扱っている中心的な「話題」や「問題」のことです。文書は何かについて伝えるために書くのであって、テーマをもたない文書はありません。また、伝える側がテーマをはっきり自覚できていなければ、言いたいことは伝えられません。

文書でなくても、例えば学級会にもテーマがあります。学級会では、「文化祭の出し物」とか「部活の活動時間について」など、決められた議題(テーマ)のなかで議論をします。ですから、学級会を休んだ人も、あとで「今日の学級会のテーマは、部活の活動時間についてだったよ」と言われれば、「あ、遅くまで残って問題になっていたことかな」などと、およその内容が想像できます。もし、テーマがなかったり、「部活について」などと漠然《ばくぜん》としていたら、何について発言していいのかわからず、あるいは議論がまとまらず、会はスムーズに進まないでしょう。

文書でも、テーマをはっきりさせることは大事です。書くときに、テーマがあやふやだとまとまった内容になりません。また読む人にとっても、テーマのことを考えていない文書に比べれば、通常わかりやすいものとなるはずです。

テーマは題名、件名にもなる

テーマは、その文書が扱っている中心的な「話題」や「問題」のことです。言い換えれば、「この文書は何について書いてあるのか」、あるいは「何を対象にして述べているのか」と質問したときの「何」にあたるのがテーマです。例えば、ある学生が書いたレポートが、東京オリンピックが開催《かいさい》されるまでの課題について書かれたものなら、そのレポートのテーマは「東京オリンピック開催までの課題」です。

作文や論文の場合は、テーマがそのままそれらの題名になることが多いようです。例えば「工場見学について」とか「戦国時代の築城《ちくじょう》方法について」というのがそれです。

同じように、メールでもテーマがそのまま件名になっていることがあります。「明日の生徒会の議題変更について」とか「来月の国際会議の件」というようなものです。

お知らせのプリントや会議の資料などでも、「二〇一五年▲▲高校文化祭のお知らせ」とか「今月の営業成績の報告」とテーマが題名、件名として示されます(厳密には「のお知らせ」や「の報告」を除いた部分がテーマです)。

テーマの絞り込みと修正

自分が何かを書くときには、テーマを言葉にして設定しなければなりません。

テーマを決めるとき、その範囲を正確に設定することは大切です。自分が書きたい内容に比べてテーマが大きすぎてはまずいし、逆に書きたいことの一部だけを対象としたような言葉でもいけません。

例えば、AさんBさんCさんの三人が、同じ大学の同じ小論文の試験を受験しました。課題では、少子高齢化についてのさまざまなデータが資料として与えられ、「これらの資料を用いて、少子高齢化社会に関して自分なりに考察しなさい」と問われました。

Aさんは、ほぼ問題文そのままの「少子高齢化社会について」をテーマにして書くことにしました。年齢別の人口比率のデータから、少子高齢化の進行の様子を追い、今後の見通しをまとめるものです。一方、Bさんは、少子高齢化にともなって、年金や医療費などが増加している点に注目して「少子高齢化にともなう社会保障費の増加について」というテーマで書くことにしました。Cさんはさらに、社会保障費の増加が、消費税率のアップや世代間格差などの問題をもたらしていることをとりあげました。テーマは「少子高齢化にともなう社会保障費増加のもたらす問題点」です。

三人とも、大きな視点で言えば、少子高齢化社会について書いています。しかし、BさんはAさんよりもテーマを絞《しぼ》り込み、Cさんはさらに絞り込んでいることがわかります。あまり狭すぎるテーマは問題ですが、たいていはテーマをある程度絞り込んだほうがうまくいきます。絞り込むことでテーマがはっきりしてくるからです。テーマがよくわからないときは、大きなテーマからだんだん自分の関心のある範囲を狭《せば》めていくことが大事です。

また、もし、書き終えて読み返してみたとき、どうも最初に決めたテーマと内容がずれていると感じたら、それは最初に設定したテーマが、実は本当に書きたいこと、伝えたいことではなかったと考えられます。この場合は、自分で書いた文章をじっくり読み直し、いったい自分は何について述べているか、テーマは何なのかを考え直します。そのうえで、新たなテーマを決め、これにそって、文章を修正していきます。

しかし、自分の書いたものを客観的に読み直すのはなかなかむずかしいので、時間を置いて二度三度読むことをお勧《すす》めします。時間が経つと書いたときの自分の気持ちや知識を忘れていることがあるので、他人の文章のように突き放して読むことができるからです。また、日頃から他の人が書いた文章を読んで、そのテーマは何かを考えてみることもよい訓練になります。

設定されたテーマからずれてしまうときは

課題や試験などで、決められたテーマについて書く場合を考えてみましょう。

例えば「国や地方自治体の防災政策」について一〇〇〇字でまとめなさい、といったレポートの課題が出たとします。しかし、書き終わって読んでみると、「どんな場所で災害が起きやすいか」とか「避難のときの心構え」とかいったことを書いていて、実際には「自然災害からどう逃れるか」というテーマになってしまっていることに気がつきました。つまり、指定されたテーマからずれてしまったのです。なぜずれてしまったのでしょうか。

一つにはテーマそのものが難解で理解できず、何を書いていいかわからなかったということが考えられます。もう一つは、テーマの意味は理解できても、関係する知識が足りなかった可能性があります。頭のなかに書く材料がない(思いつかない)ので仕方なく、自分の書ける範囲でテーマに近いものや関係のあること(この場合は、災害に遭《あ》わないための心がけ)を書くしかなかったということになります。これは「心得その六」で改めて説明しますが、どう伝えるか、どう書くかといった以前の問題です。知識が足りないときは調べるということをしなければ、書きすすめることはできません。

「見出し」は要点(ポイント)を示す

「テーマ」の次は「見出し」について考えてみましょう。辞書や書籍についても「見出し」という言葉が使われますが、一番よく聞くのは、新聞や雑誌についてです。

新聞の紙面のなかに、「台風一七号沖縄に上陸」、「アカデミー賞今夜決定」など、大きな字で目立つように並んでいるのが見出しです。新聞ではどんな小さな記事にも、必ず見出しがついています。小さな記事には見出しは一本だけですが、大きな記事(トップ記事など)には、大小数本の見出しがつくのがふつうです。雑誌でも同じように、誌面《しめん》には大小さまざまな見出しが躍《おど》っています。

新聞や雑誌の「見出し」は、記事の要点やポイントを表したフレーズ（語句）です。もし、見出しがなかったら、読者は記事の内容を知るためには、それぞれの記事を読むしかありませんが、見出しがあれば、記事を読まなくても、およそ何について書かれているか見当がつきます。

文書で何かを伝えるとき、テーマをはっきりさせるとともに、文書の要点を言葉にして表すことは、読み手の理解を助けるだけでなく、書き手にとっても大切です。新聞記者が記事を書くとき、書き出す前に「仮見出し」というものをつけることがあります。これによって、書くべき内容を確認しながら書き進めることができるからです。みなさんにも、作文や小論文など長くまとまったものはもちろん、案内文や報告文など、どのようなものでも本文を書く前に見出しをつけることをお勧めします。最終的に、その見出しを読み手に見せるかどうかは、とりあえず考えなくてかまいません。自分が書こうとするもののポイントが、どこにあるかを自覚するためにつけてみる価値はあります。

例えば、職業体験として、家の建築現場の仕事を見学・取材して報告文を書くことになったとしましょう。いきなり書きはじめるのではなく、まずは「大工の仕事」というテーマを確認します。そのあとで「どんなところにポイントを置いて書こうかな」と考えます。大工が職人として一人前になるまでについて語ってくれた棟梁《とうりょう》の話が印象的だったので、そのことを中心に書こうと決めたとしましょう。棟梁の話の中から「一人前には最低一〇年」とか「不器用な者の方が成功する」といったフレーズが仮の見出しにできそうだとわかります。ここまで整理しておけば、「よし、このことを頭に入れながら書いていこう」と書きやすくなるはずです。

もし、書き進めるうちに、「あれ、やっぱり職人になるまでの話よりも、棟梁が言っていた仕事の醍醐味《だいごみ》のほうに重点が移ってしまうな」と思ったら、先につけた仮の見出しを変えて「自然の素材と向き合うおもしろさ」などに修正していきます。

読んでもらうためにも見出しを

都会の電車のなかには、よく週刊誌の広告がつり下がっています。雑誌によっては、ドキッとするような見出しの文字が躍っています。実際に記事を読んでみると、見出しほどの衝撃的な内容はなかったりするのはよくあることですが、広告というのはとにかく人目を引いて読んでもらう（買ってもらう）ことが目的なので、こういうショッキングな見出しが登場してきます。

一般の新聞の見出しでは、週刊誌のように読者を煽《あお》り立てるものではなく、あくまで記事の内容のうち重要なところを強調し、かつ全体の内容が想像できるような言葉が選ばれます。しかし、読者の目を引くものにしようという気持ちは同じです。見出しにはただ要点（ポイント）を示すだけでなく、読者に目を留めてもらうという役割があるのです。

こうした見出しをつくる技術は、メールを送るときにも役立ちます。メールを送るときの件名には、「テーマ」をあてることがあると先に話しましたが、見出しもまた件名として使うことがあります。

例えば、学級新聞の記事のために、同級生に「お笑い芸人についてのアンケート」をしたとします。すでに回答の締め切りが迫っていますが、まだ半分しか集まっていないので、締め切り確認のメールを送ることにしました。そのとき、「お笑い芸人アンケートについて」と、テーマを件名にしても間違いではありませんが、この場合は「締め切り迫る、芸人アンケート」と、見出しのような言葉を件名にしたほうが印象は強いでしょう。「お、締め切りだった、書かなくては」と見逃さずに書いてくれるかもしれません。

練習が肝心

文書の内容と見出しの関係を会得《えとく》するために練習になるのが、新聞の見出しの部分を隠して記事を読み、自分で見出しをつけることです。あとで本当の見出しと比べてみるといい勉強になります。「実際の見出しより自分でつけたほうがいいな」と、思うようになるかもしれません。

新聞記事の場合は、ふつう記事を書く記者と、新聞に掲載する見出しを決める人とは別です。デスクと呼ばれる役職の記者（編集者）や最終的に紙面を編集する部署の人が、記事を読んで客観的に見出しをつけるのです。あなたもデスクになったつもりで、テーマと見出しをつけてみましょう。次に挙げるのは、実際の新聞記事です。

大手予備校「代々木ゼミナール」（本部・東京都渋谷区）が、北海道から九州まで全国展開している二五校舎を整理し、東京、大阪、名古屋など大都市圏の七拠点に集約する方向で検討を始めたことが分かった。少子化に伴《ともな》う受験人口の減少が理由とみられる。代ゼミ広報担当者は「情報を把握《はあく》していないので確認できない」としているが、少子化が進む中、大学とともに予備校や塾の受験産業も大きな転換点に立たされている。(…)【澤圭一郎、坂口雄亮】

(毎日新聞　二〇一四年八月二三日)

ここに挙げたのは記事全体のうち、最初の三割ほどです。記事ではこのあと、代々木ゼミナールの歴史や、今後の校舎の集約についての具体的な内容に触れ、最後に大学の志願者数の減少傾向などについてまとめています。記事からは、予備校も経営上の問題から組織を大きく変更しなくてはいけない時代になってきたということが読み取れ、少子化の影響の一端を考えさせられます。受験生にとっては、通う予備校の選択が狭まってしまったと、心配の種になるかもしれません。

さてこの記事につける見出しは、どんなものがよいでしょうか。受験生の視点からとくに代々木ゼミナールという大手予備校が少なくなってしまうという点に注目するなら「代々木ゼミナールが全国で減少」となるでしょうか。あるいは、予備校という受験産業が少子化で経営上厳しくなっているだろうことを強調するなら「少子化で受験産業が危機」などが考えられます。

実際の見出しはどうだったかというと、「代ゼミ七拠点に集約へ」「少子化 二五校舎整理」でした。一本目で、歴史ある大手予備校の組織変更について「七拠点に」と具体的な数字で読者に示し、「へぇ、そんなに少なくなるのか」という驚きを誘っています。二本目の前半は、原因は少子化だということを言って、「なるほど、仕方ないのかな」「少子化はそこまで進んでいるのか」などといった印象を与えるような見出しになっています。後半に、この記事が全体として扱っている(話題にしている)校舎整理について掲《かか》げています。なお、この記事のテーマが何かといえば、「代ゼミ(予備校)の校舎整理」といったものになるでしょう。

書き終えたらもう一度確認

自分で文書を作成する際にも、必ず最初にテーマを確認し、次に仮の見出しをつけてみます。そして文書を書き終えたら、改めてテーマと内容があっているかを確かめ、つづいて見出しも仮につけたものでいいかを確認してみてください。

　テーマはそもそも書こうとしていることですから、ずれることは少ないと思いますが、見出しは「もっといいフレーズがあった」と気づくことがあります。ほとんどの場合、よりよい見出しは、書きあげた文書のなかで見つかります。

　もし、同窓会の案内通知のような比較的簡単な文書で見出しをつけてみると、どうなるでしょうか。あなたの小学校の同窓会は、それまでクラス単位では個々に行われてきましたが、今回、はじめて学年単位で同窓会を開くことになったので、その案内をつくることになりました。テーマは「学年同窓会開催(のお知らせ)」とか「▲▲小学校同窓会(のご案内)」となります。

　では、見出しはどうなるでしょう。文章を要約し、内容を予測させるもの、あるいは商品PRのキャッチフレーズのように読者の関心をひくものですから、いろいろ考えられるはずです。今回の同窓会が初めてクラスの枠《わく》を超えた学年合同の会であり、なんとしても多くの人に参加してほしいというメッセージを強く出すのであれば「九八年度卒、初の合同同窓会」とか「初めての学年同窓会を開催！」などが考えられます。これらとはちがった趣向《しゅこう》で、週刊誌的に凝《こ》った言い方にするなら「あの子も、この子も来ます！」といった見出しはどうでしょうか。「変化球」的な見出しはいろいろあり、言葉の感覚を磨く上でもいろいろ考えてみることは有意義です。

これらを頭に入れて、同窓会案内を書いてみたところ、小学校当時の映像を上映する予定があることを思い出しました。これが呼び物になると思ったので、見出しにもこれを生かして、「初めての学年同窓会を開催！　～懐かしい映像も上映」としてみました。

なお、この案内は、急な用件ではなく、また相手を驚かす必要もないので、案内状のタイトルとしてはテーマをもってくるのがいいでしょう。見出しは、レイアウトを工夫して、どこかに配置すると効果的です。

心得 その二
テーマと見出しを意識しよう

- 書く前に「テーマ」と「見出し」を意識しよう
- テーマは、その文書が何について書いているかを示す
- テーマは絞ったほうがうまくいく
- 見出しは、文書の要点(ポイント)を示す
- 見出しは読者の目を引く効果もある

心得
その三

大事なことから先に伝えよう

まず、読んでもらうために

　何度もお話ししているように、世の中にあふれているさまざまな文書は、最後まで読まれるとは限りません。一生懸命書かれたパンフレットやチラシの多くは、ちょっと目を通すか通さないかのうちに捨てられてしまいます。興味がない、何を言っているのかわからない、読んでいる時間がない、字が読みにくい、理由はさまざまです。

　また、就職活動の際の作文はどうでしょう。会社の採用担当者は、かなりの数の作文を読まなければならないので、冒頭にわかりにくい文章がつづいたりしたら、もうその後はまじめに読んでくれないかもしれません。書き手が意図《いと》しているほどには真剣に読まれない文書が、世の中には多いのが現実です。

「心得その三」では、前章の「見出し」につづいて、読まれるための工夫について学んでいきます。

第一段落が最重要

次の新聞記事を読んでください。

埼玉で一晩に二一件連続不審火《ふしんび》　ふじみ野・川越《かわごえ》両市

二八日夜から二九日未明にかけて、埼玉県ふじみ野市北部と川越市南部で、少なくとも二一件の不審火があった。東武東上線の上福岡駅周辺から新河岸駅周辺にかけての約三キロで、袋に入ったごみや自転車などが焼けた。いずれも住民や通行人が気づいて通報し、消防や住民が消し止めた。東入間署と川越署は連続放火の疑いもあるとして捜査している。

二八日午後一〇時三五分ごろ、ふじみ野市東久保一丁目で、自転車の前かごが燃えているのに住民が気づいて一一〇番通報した。その後、二九日午前〇時四五分ごろまでに鶴ケ舞二丁目、福岡武蔵野、上福岡一丁目、大原一〜二丁目でも、カバーを掛けた自転車やバイク、ごみなどが焼け、火事は計一五件にのぼった。通報を受けて現場へ向かう途中のパトカーが別の火事を見つけたケースもあった。

川越市では二九日午前一時五分ごろに稲荷町の住宅敷地内でごみの入った袋が燃えているのを近くの住民が発見、清水町、稲荷町、砂でもバイクや自転車カバーなどが焼け、計六件の火事が起きた。

今月一六〜一七日の夜間には、富士見市などでも、同じような連続不審火が一九件起きている。

（朝日新聞デジタル　二〇一四年八月二九日一一時二〇分）

段落を追って見てみましょう。第一段落では、連続した火災が、「いつ」、「どこで」、「何件」発生したのかという情報を伝え、続いて火災の状況が書かれ、警察は連続放火の疑いがあるとみて捜査している、と結んでいます。第二段落では、そのうちふじみ野市内で起きた連続火災について、発生した「時間」、「場所」、そして「状況」がより詳しく書かれていま す。第三段落では、川越市内で起きた連続火災について、同じように書かれています。第四段落では、この火災より以前に、別の場所でも連続不審火が起きていたことを述べています。

読者は、第一段落で、まず何が起きたのかを知ることができ、またなぜこれが記事としてとりあげられたのか(記事の価値)を理解することができます。つまり、この火事がふつうの火事ではなく、二つの地域でかなりの回数連続して起こっていることから、放火が疑われる事件性の高いものだということです。第二、第三の段落は、第一段落の内容をより細かく説明しています。そして、最後の第四段落は、この事件と関係があるかもしれない、過去に起きた別の不審火のことを書いています。第一～三段落の事実とは異なる事実です。

四つの段落の重要度を見ると、第四段落はなくてもよいおまけの情報です。第二、第三段落はなくても話は理解できます。では、第一段落がなかったらどうでしょう。第二、第三段落から火災の発生状況はわかります。また、なんとなく怪《あや》しい火災であることも感じます。しかし、警察が連続放火の疑いで捜査していることははっきりとわかりません。

新聞記事は「逆三角形」

これを見てわかるように、この記事では、大事なことは最初に書いてあって、あとになるほど重要度が低くなっていきます。このような構成にすることで、たとえ読み手に時間がなかったとしても、第一段落だけで最低限の情報を伝えることができます。また、先に大まかな情報を与えることで、そのあとの細かい情報も伝わりやすくなります。

作文の授業などでは「起承転結《きしょうてんけつ》」という文章の構成を教えられることがあると思いますが、社会に出てとにかく相手に情報を効率よく伝えようとするときには、まず要点を伝え、そのあとに詳細をつづける、という、新聞記事のような構成にするのは便利な方法の一つです。このような構成は、よく「逆三角形」といわれます。

最初が大事で、あとになっていくほど重要度が低い、ということは、もし記事（原稿）を削るとしたら、最後の段落から落としていけばよいことになります。紙の新聞では、その日のたくさんのニュースのなかから選ばれる記事の本数や行数は限られるため、掲載されない記事や文字数を削って掲載される記事がたくさんあります。文字を削るのは、書いた本人の場合もあるし、記事を並べたり編集する係の人の場合もあります。どちらの場合でも、原稿が逆三角形に整理されていれば、簡単に短くすることができます。みなさんも、文書を作成するときは、文字数やスペースに限りがあることが多いはずです。新聞の記事の書き方は、文字数を調整するうえでも参考になります。

大事なことは短い文章で

事実や用件を伝えるときには、大事なことから書いていくことを勧《すす》めました。しかし大事なことはいろいろあって、その順番もはっきりしないため迷うことがあります。そこで、まず大事だと思われる事柄を一つひとつ書き出すことからはじめましょう。

例えば、あなたが推薦入試で、A大学を受験することになりました。そこで、志望動機を説明する文書を提出しなければなりません。あなたは、社会福祉《ふくし》関係の学部を希望していますす。よく考えてみたところ、動機として、次の三点が浮かんできました。

①将来児童福祉に関する仕事に就《つ》きたい
②A大学は福祉教育に歴史があり、多くの卒業生が社会で活躍している

③ゼミなど少人数制での専門カリキュラムがある

ほかにもいくつか書きたいことはありましたが、整理してみると、ほかのことは①②③のいずれかに含まれるか補うような事柄でした。同時に、この三つのポイントはどれも同じくらい重要だということが確認できました。

次にこれらをまとまった文章にしていきます。そのときに大事なのは、整理できた三つのポイントを無理に一緒にしようとしないことです。形はぎこちなくてもいいので、まずはそのまま箇条書き《かじょうが》きのような形で並べてみます。

将来児童福祉関係の仕事に就くのが夢。A大学の社会福祉学部は福祉教育に歴史があり、これまでに多くの卒業生が福祉関係の分野で活躍している。カリキュラムではゼミや研修など少人数で学ぶことができる。

接続詞などを補って文章らしくなるように多少整えてみると、次のようになります。

私は、将来児童福祉関係の仕事に就くのが夢です。A大学の社会福祉学部は福祉教育に歴史があり、これまでに多くの卒業生が福祉関係の分野で活躍しているとわかりました。また、教育のカリキュラムをみると、ゼミや研修など少人数で学ぶことができ、この点が自分にとってとても魅力です。

まずこれで必要最低限のことは伝わります。短い文を並べていくと、なんとなく表現が単純で拙《つたな》いように見えるかもしれません。だからといって、二つ、三つの文章を接続詞でつないで一つの長い文章にしてしまうと、格好は整っているように見えるかもしれませんが、内容がすっきりしないことが多いようです。見かけをよくするよりも、短く簡潔《かんけつ》に伝えるほうがはるかに効果的です。まずは一つずつ要素を書き出して、次にそれらをつないでいってください。

もっと字数を増やしてもかまわないのであれば、①②③に関係することを書き足していきます。先に例として紹介した、「連続火災」の記事の構成を思い出してください。A大学の志望動機についても、最初の段落で右のような大まかな内容を示し、あとの段落で、①②③のそれぞれについて補足するという方法をとることができます。

例えば、まず①の「児童福祉に関する仕事に就きたい」ことに関しては、子どものころ出会った先生の影響を強く受けたこと、ボランティアで子どもに関わったときの体験などをつけ加えます。次の段落では、②の「A大学は福祉教育に歴史があり、多くの卒業生が社会で活躍している」ことに関して、日本の福祉教育についての本を読んで、A大学の業績と卒業生の実社会での活躍ぶりを知ったことを加えます。つづく段落では、③の「ゼミなど少人数制での専門カリキュラムがある」ことに関して、カリキュラムの内容を細かく見たところ、他の大学にはない、興味のある授業が多いことなどを書きます。

こうして必要に応じて、ポイントごとに補っていくことで、内容を増やし、かつ充実させることができます。

ポイントが多いときは

このように、説明しようとするポイントが多い場合は、「私がこの学部に入りたいと思った理由は、三つあります」と、はじめにその数を示してあげると親切です。これは、読み進める人にその先を予測させる方法の一つです。自転車や車を運転しているとき、進行方向の先に急カーブがあったり、道が細くなったりといったことが事前にわかれば、走行しやすくなるのと同じです。そして、やはり重要な点から書いていきます。

また、メールなどで簡潔な報告をする場合は、次のように、大事なことを箇条書きにすることもできます。

件名「全国ボランティアサークル会議報告」

サークルのみなさん

先日の会議の報告です。
テーマ：被災地域（現場）の人に負担をかけないボランティアのあり方
配慮《はいりょ》すべき事項として、以下の五点が挙げられました。
①現地で必要なものはすべて事前に用意をしておく
現地は物不足。現地の人の必要な物を奪うことがないように。
②現地の人の生活のリズムにあわせて行動する
心身ともに消耗《しょうもう》している人たちの生活リズムを把握《はあく》する。
早朝や深夜の行動には注意する。
③（…）

ただし、ここで注意すべき点があります。箇条書きにすると整理されているように見えるからといって、なんでもかんでも箇条書きでまとめようとすると、不自然で説得力を欠くことになりかねません。例えば、就職活動の志望動機を作文にするような場合、もし、一番言いたいことがはっきりとしているのなら、当然、そのことをなにより強調すべきです。無理に箇条書きにして、そのうちの一つにしてしまう必要はありません。大事なことを先に述べて、その後でつけ加えることがあれば、「これに加えて……」などとつづけていくのが自然です。

もし、「以下の五点」などと記すのであれば、その五点の意味するものが同じ価値をもっていなくてはいけません。価値が異なる事柄を箇条書きとして並列しても、内容として整理されたとは言えません。また、箇条書きは事務的に見えるので、謝罪文など、感情に訴えるような文書にはあまり向きません。

言いづらい話の場合

記事や論文、レポートなどで、大事なことから先に書くことの重要性はわかってもらえたと思います。しかし、文書は記事や論文ばかりではありません。記事や論文は、基本的に不特定多数の人に向けて書くものです。だからもちろんそこには最初の「あいさつ」は不要です。いきなり大事なこと、結論から書いても違和感がないのです。相手が不特定多数なのですから、個人的な人間関係について考える必要もありません。

しかし、手紙やメールではそういきませんね。これらの文書では、ふつう最初に何か「あいさつ」が必要です。それに、そのあとに伝えるべき話題によっては、なかなか言い出しづらく、いくらあいさつを書いても、すぐに結論や用件をつづけるのに抵抗を感じることもあります。

書き出しの「あいさつ」について考える前に、まず「言いにくい話」の場合にはどうするか、ということを考えてみましょう。

「心得その二」を思い出して下さい。文書を書く上ではじめに考えなければならないのは、まず相手のことです。とくに、相手にとって否定的なことや衝撃的なことは、それを伝える前の「助走」が必要です。例えば、あなたが高校のブラスバンド部の部長だとします。三年生のあなたは、一年生から三年生までの混成のバンドを率いて、日々練習に励《はげ》んできました。ところが、この秋の大会はそれまでの規定が変わって、二年生以下が出場できないことになりました。あなたはそのことを、大会の概要とともに、部員のみんなにメールで伝達しなければなりません。

そのメールで、いきなり、「みなさん、今年の大会は一、二年生は出場できなくなりました」と書いたら、わかりやすくはありますが、きっと一、二年生にはとてもショックで、動揺が大きくなるでしょう。ですから、最初にそれを緩和《かんわ》するための一言、二言が必要です。

みなさん、いつも練習お疲れ様です。毎日、全国大会へ向けて一丸《いちがん》となって練習してきた成果が、このところはっきりと表れているのを感じています。とくに一、二年生の成長は大きいと、顧問《こもん》の先生方もおっしゃっていました。

しかし、とても残念ですが、この秋の大会は、大会規定の変更によって、三年生だけの出場となります。(…)

とするほうが、少なくとも部長がこの事実を気にかけているだろうことが伝わってきます。

長々しい前口上は逆効果

しかし、たとえ言いづらい話であっても、基本は「大事なことは先に伝える」ことです。あまり長々と前口上を述べるのは逆効果です。作家、太宰治は、初期の短編「ロマネスク」

のなかで、親元へ送金を請《こ》う手紙のコツについて、主人公の三郎の考えをこんなふうに書いています。三郎は、書生たちが親に出す、お金を送ってほしいという手紙の代筆を得意にしていたのです。

謹啓《きんけい》、よもの景《け》色云々《しきうんぬん》と書きだして、御尊父《ごそんぷ》様には御変《おかわ》りもこれなく候《そうろう》や、と虚心《きょしん》にお伺《うかが》い申しあげ、それからすぐ用事を書くのであった。はじめお世辞たらたら書き認《したた》めて、さて、金を送って下されと言いだすのは下手なのであった。はじめのたらたらのお世辞がその最後の用事の一言でもって瓦解《がかい》し、いかにもさもしく汚く見えるものである。それゆえ、勇気を出して少しも早くひと思いに用事にとりかかるのであった。

ここで言っている「用事」というのは、お金を送ってほしいというお願いのことです。親にお世辞をくだくだ書いてから最後に「お金を送って下さい」というのはよくない、それまでのお世辞も急に嘘くさく見えてしまう。最初にあいさつだけ書いたら、思いきってお願いをすぐ書いたほうがいい、というわけです。実生活でも借金を繰り返していた太宰なりの経験にもとづく結論でしょうか。

借金の申し入れのような話は、決して相手に歓迎されるものではありません。そのため言いにくいことは最後にしたいとか、唐突に話を始めるのは失礼にあたるのではないか、というような思いが、長い前口上にさせてしまうのでしょう。しかし、もっと深く考えてみると、言いにくいというのは、あくまで自分(書く側)の気持ちです。また、失礼にあたることを心配するのは、相手の気持ちを心配するようでいて、実は、借金を断られたり、怒られたりすることを恐れるからです。つまりいずれにしても、本当は、自分の気持ちや利害を優先していて、相手のことを考えているわけではありません。

借金の申し入れという相手にとって歓迎できない事柄を、どうしても伝えなければならないなら、その内容と事情を包み隠さず率直に話すのが、せめてもの誠意ではないでしょうか。

定番の書き出しのあいさつ

言いづらい話にしろ、そうでないにしろ、手紙やメールを書くときは、最初に「あいさつ」が必要です。書き出しがすんなりいくと、そのあとの文章も書き進めやすいものです。

仕事のメールの場合は、社内の人であれば「お疲れ様です」、社外の人であれば「お世話になっております」などではじめることが多いようです。これらは形式的ではありますが、簡潔で便利な表現です。ただし、「お疲れ様です」については、朝から「お疲れ様！」というのは、やや違和感があるという声も聞きます。会話でもメールでも、ある程度親しい人であれば、朝は「おはようございます」、昼は「こんにちは」、夜は「こんばんは」が、はじめのあいさつとして、違和感のない言い方ではないでしょうか。

正式な手紙の書き出しは

見知らぬ相手への手紙や招待状などでは、もっと正式な形で書くことがあります。例えば、

謹啓　大暑《たいしょ》の候、▲▲先生におかれましては、ますますご健勝《けんしょう》のこととお慶《よろこ》び申し上げます。(…)

今後ともご指導ご鞭撻《べんたつ》を賜りますよう、宜《よろ》しくお願い申しあげます。

謹白《きんぱく》

と、いうようなものです。書き出しの「謹啓」というのは、「拝啓《はいけい》」、「前略《ぜんりゃく》」などと同じく、「頭語《とうご》」と呼ばれる言葉です。結びの「謹白」は、「敬具《けいぐ》」、「草々《そうそう》」などの仲間で、手紙の終わりに使われる「結語《けつご》」と呼ばれる言葉です。頭語と結語には、決まった組合せがあります。

さきほどの手紙では、「頭語」のあとに、「大暑の候、……」と、季節のあいさつがありました。これは、夏のあいさつです。もう少しくだけた手紙だと、「連日厳しい暑さが続いていますが、……」と言ったりします。そのあとの「▲▲先生におかれましては……」というのは、相手の安否《あんぴ》を気遣う言い方の一つです。これももう少しやわらかいものだと、「いかがお過ごしでしょうか」などとなります。この「季節(時候《じこう》)のあいさつ」と「相手の安否を気遣うあいさつ」をあわせて、「前文」といいます。頭語の「前略」というのは、この前文を省きます、という意味です。

このように、正式な手紙は、「頭語」＋「前文」という形で始めることになっています。

より親しみやすい表現を

しかし、こうした正式な手紙は、現代では、社会に出ても、それほど頻繁《ひんぱん》に使うものではありません。とくに、さきほどの「謹啓」ではじまる手紙は、もっとも格式の高い形をとっています。こうした手紙は、高校生くらいの年齢だと、いくら先生や目上の人に対するものであっても、形式ばって見えます。

もし正式な手紙を書きたいときは、「手紙の書き方」といった本にあたれば、丁寧さの度合や季節に応じて、さまざまなパターンで書き方が紹介されていますので、必要なときはすぐに参考にすることができます。しかしふだんはもう少しふつうの言い方で、丁寧で親しみの持たれる表現を覚えておいた方が応用がきくでしょう。

さきほど、仕事のメールや手紙のやりとりのなかでよく使われる書き出しとして、「お世話になっております」を紹介しました。仕事の電話などでは、まったく初めての相手にも、最初に「お世話になっております」と言うことが一般的になっていますが、文書の場合には、おかしな印象を与えます。初めてであれば、「はじめまして」という素直な言い方がありま す。比較的急いで用件をまず告げたいときは、「突然のお手紙(メール)で失礼いたします」という書き方もあります。

相手が友達だったら、かしこまらずに「久しぶりですが、お元気ですか」、「先日は練習お疲れ様でした」、などとはじめるのもいいでしょう。

「引き出し」を用意してスムーズに用件につなげよう

先生宛の手紙や、プライベートな手紙、仕事でも親交のある人などには、やはり季節のあいさつを加えることが多いようです。秋も半ばであれば「朝晩めっきり冷え込むようになりましたが、お変わりありませんでしょうか」、春であれば「すっかり春めいてきた今日このごろです」など、言い方はいろいろですが、それほどかしこまった相手でなければ、自分の身の回りで感じた季節の変化を自然に書くのもいいものです。相手に親しみを感じてもらいたいような場合は、受験のこと、文化祭のこと、飼っているペットのことなど身近な話題を書いてもいいのです。そして自分のことだけでなく、相手のこともさりげなく尋ねてみましょう。そのあと本題に入るというのが、よくある形です。

例えば、以前近所に住んでいて、子どものころからよくしてもらったご夫婦宛の手紙を考えてみましょう。

すっかり寒くなってきましたがお変わりありませんでしょうか。最近わが家では柴犬の太郎が年をとったせいかあまり寒いなか散歩に行きたがらなくなりました。▲▲さんのお宅のラッキーちゃんはいかがですか。

このように、飼い犬という共通の話題からはじめれば、一緒に散歩にいった思い出などがよみがえり、温かな気持ちになります。自分が思いついた言葉で丁寧に書くのが一番自然です。そうした言い方を自分なりにつくってみて、自分の「引き出し」にしまっておくと便利です。

いずれにしても、「書き出し」は、そのあとの用件をうまく伝えるためにあります。こうした表現をうまく使って書き出し、「大事なこと」は早めに伝えるようにしましょう。

心得　その三
大事なことから先に伝えよう

・大事なことをはじめに書く
・つづいて、補足するような情報を述べる
・言いづらい話のときにも、大事なことは早めに伝えるほうがいい
・手紙やメールのときは、大事な用件につなげるための「書き出し」が必要

心得
その四

相手に見えるのは「文字」だけ

文字にならないこと

みなさんは、新聞や雑誌の記事がどのようにつくられるか知っていますか。時間的に順を追っていくと、まず、記者が取材やインタビューをして記事を書きます。記者が書いた原稿はデスクといわれる役職にある人がチェックします。デスクは、読んでわかりにくいところはないか、不足している情報はないかを確認します。

記者は文章を書くプロですが、それでも何も直されずに一発でＯＫになることはまずありません。明らかに間違っていたり、わかりにくかったりする箇所はデスクが直します。ただし、記事を読んだだけでは直せないことがあります。その場合は、書いた記者本人に「ここは、……というふうに書いてあるけど、どういう意味?」とか「ここの部分は何かが足りないんじゃないか」などと尋ねます。

この質問に対して、書いた記者は「この文章は、……という意味で書いたんです」とか、「言いたいことはこういうことなんですが、詳しく書くと長くなるので省略しました」などと、自分の書いた記事について説明や言い訳をすることになります。それを聞いたデスクが、修正したり、記事に欠けていた必要な情報を補ったりして記事を完成させます。

おそらく、記者は記事を書くとき、十分なことを伝えたつもりだったのですが、それが文章に的確に表れていなかったのでしょう。言い方を換えると、自分のなかでは了解されていた情報が、すべて文章として表せていなかったということです。

記事を書くプロでも、こうしたことが日常茶飯事《にちじょうさはんじ》なのですから、ふつうの人が同じような問題にぶつかるのは当然です。

書き手は情報をたくさんもっている

どうしてこういうことが起こるのでしょうか。基本的に、書き手は読み手よりも多くの情報を持っています。例えば、あなたの家族のことを人に紹介するとしましょう。「私の家族はみんな早起きです。父は毎朝五時に起きますが、母は四時に起きます。美鈴《みすず》はそれよりも早起きです」と言ったとき、読み手は「美鈴」というのは「私」の姉妹かしら、と想像したりしますが、実際は飼っている鳥の名前だった、ということもあるでしょう。「私」の家族のなかでは「美鈴」が鳥であることは常識ですが、他の人にとってはそうではありません。

文章を書くときは、読み手には文字になって表れた情報しか伝わらないのだ、ということを常に意識することが必要です。

何が足りない？

では、どのような情報が不足しがちなのか、具体的な例で見てみましょう。次の文章は、東京で開催《かいさい》予定のオリンピックにともなう旧国立競技場の取り壊しと新国立競技場建設の賛否について、大学生のKさんが書いたレポートの一部です。取り壊しと建設について、さまざまな議論があることを示した上で、自分の意見を述べています。

私は新国立競技場建設には、基本的に賛成派である。まず、金銭面について、さまざまな評論家は、復興予算、超高齢社会に伴《ともな》う年金などにあてられるべきだと述べているが、それは何も新国立競技場に限った話ではないはずだ。道路交通整備、文化施設の建設など、そのような反対意見を持った人々が批判するものはある。しかしながら、これらは本当に「無駄遣《むだづか》い」の対象なのか、と考えてしまう。

この文章のわかりにくいところはどこでしょうか。まず、二つ目の文で、「さまざまな評論家は、復興予算、超高齢社会に伴う年金などにあてられるべきだと述べているが」とありますが、いったい何がそこに「あてられるべき」なのか、という「主語」が欠けていることに気がつきます。次に、「それは何も新国立競技場に限った話ではないはずだ」の「それ」が指している対象も明確ではありません。

もちろん、書き手には、「主語」はわかっていますし、「それ」が指している内容もわかっています。しかし、読み手にはそれはすぐにはわからないのです。そのあとにつづく文章にも、何か欠けているところがあるように感じられます。おそらく、ここでKさんが言おうとしていることは、以下のようなことだと推測できます。

新国立競技場の建設には多額の費用がかかるため、反対する人は、それだけの費用をかけるのならば震災の復興や高齢者対策にあてるべきだと主張している。しかし、道路整備や文化施設の建設にも同じように多額の費用がかかるのだから、新国立競技場だけを問題にするのはおかしいし、また、こうした道路や競技場などが本当に無駄なのかどうかはわからない。

このように、書き手の意見を整理するには、まず元の文に「説明として欠けているもの」を【　】内のように補ってみる必要があります。また取消線の言葉は削るべきものです。

（…）まず、金銭面について、さまざまな評論家は、【新国立競技場にあてる予算があるのならそれは】復興予算、超高齢社会に伴う年金などにあてられるべきだと述べているが、~~それ~~【無駄だと思われるお金の使い途《みち》】は何も新国立競技場に限った話ではないはずだ。【もし多額の費用を問題にするのなら、同じように多額の予算があてられている】道路交通整備、文化施設の建設など、そのような反対意見を持った人々が批判す~~る~~【べき】ものは【ほかにも】ある。~~しかしながら、~~【また、そもそも】~~これら~~【新国立競技場をはじめ道路や文化施設】は本当に「無駄遣い」~~の~~【として批判されるべき】対象なのか、と考えてしまう。

こうしてみると少しわかりやすくなりませんか。Kさんに確認したところ、【　】内の内容は頭のなかでは了解していたが、実際に文章にするときになぜか省略してしまった、とのことでした。つまり、書き手が考えていたことを、そのままうまく言葉として表せていなかったことになります。

心のつぶやきは伝わらない

書き手の心のなかには、文字となって表されていなかった重要な「つぶやき」がいくつかあって、それを含めると全体として「私が言いたかったのは、こういうことなんです」と説明できるようです。しかし、この「心のなかのつぶやき」は相手には伝わりません。

Ｋさんの文章は、足りないところが想像できるので、まだなんとか全体を理解することができますが、さきほどの「美鈴」のように、書いた本人に尋ねてみないとわからない場合もあって、やっかいです。

「自分はこういうつもりで書いたのだから……」などと、読み手に意味を汲《く》み取ってほしいと考えるのは虫が良すぎるでしょう。書いた本人にどのような深い考えや気持ちがあったとしても、読み手には文章として表されたこと以外の意味を読み取ることはできません。読み手は、わからなかったときに、デスクのように書き手の説明をきく訳にはいかないのです。

欠落した「つぶやき」を見つけるために

では、Ｋさんの文章のなかの【　】内の「心のつぶやき」を、どうやったらうまく文字として最初から表せるようになるでしょうか。それにはどんなものが「心のつぶやき」になってしまいやすいのか、つまり、本来言葉にすべきなのに欠落《けつらく》しやすい言葉は、どういうものなのかを探ってみる必要があります。

Kさんのレポートにそって考えてみると、すでに見たように、まず、「主語」や「目的語」、「述語」として、文中になくてはならない言葉が欠けていることがあります。次に、「それ」、「あれ」といった指示代名詞が何を指しているのか不明確だということがあります。これも、言葉を補ったり、別の言葉で言い表さないとわからない、という意味で、「欠落」の一つです。

また、ある程度長い文(節)が脱落することもあります。「もし、～であれば」という条件や仮定の言葉は、欠落しやすいものの一つです。Kさんのレポートでも、「もし、多額の費用を問題にするなら、それは何も新国立競技場に限った話ではないはずだ」と書くべきなのに、「もし～なら」の部分が抜けてしまっています。同じように、「～なので」とか「～と比べると」などの言葉(節)が欠落することがあります。

さらに、よくあるのが、言葉のつながりをはしょって短くしてしまうことです。Kさんのレポートに、「本当に「無駄遣い」の対象なのか、と考えてしまう」とありますが、Kさんが本当に言いたかったのは、「本当に「無駄遣い」として、批判されるべき対象なのか、と考えてしまう」ということでした。

話し言葉では、このような省略がされても意味が通じることもありますが、書き言葉では通じるとは限りません。何度も言うように、書き言葉では文字に表されたものがすべてです。だから、言葉をちょっと急いだり、乱暴に使ってはしょってしまっただけで、読み手には意味が通じなかったり、違う意味にとられてしまうということがあります。文章では、丁寧に、正しく、言い尽くすことが必要です。

小さなところから文章を見直そう

以上のような欠落のパターンがあることを頭に入れながら、自分で書いた文章を丁寧に見直してみることをお勧《すす》めします。その方法としては文書を構成する小さい単位から見ていくことです。

まずは、単語です。単語の使い方に誤りはなかったか、意味を取り違えていることはなかったかの確認です。大人でも、辞書で確認してみると、思っていたのと少し違う意味だったということがたまにあります。みなさんはとくに気をつけて、少しでも不安だと思ったら辞書を引く習慣を身につけましょう。

次に、句です。句は、二つ以上の単語によってできる言葉を言います。さきほどのKさんのレポートの「無駄遣いの対象」というのも、句の間違いの一例です。言葉の使い方、つなげ方に間違いはないか、省略はないかを吟味《ぎんみ》します。

つづいてチェックするのが、「もし〜ならば」、「たとえ〜でも」といった長い言葉のつながりです。これは節と呼ばれることがありますが、文法的な名称はともかく、こうした言葉が欠落しているために意味がはっきりしないところがあるかどうか見ることです。

そして、最後に、一つの文を見直して、意味の上で必要な主語、述語、目的語などが欠けていないかを精査《せいさ》します。

自分自身が書いた文章のなかから欠落を見つけていくのは、なかなかむずかしいのは事実です。しかし、自分以外の誰が読んでもわかるような文章にすることを意識して、丁寧に見直すという訓練を重ねていくしかないでしょう。

意外にむずかしい、文章での道案内

文章だけで説明するむずかしさを実感するよい例があります。それは、言葉による道案内です。

仮に、高校生のＧさんの家を訪ねてくるお客さんがいるとしましょう。Ｇさんの家は川崎駅からバスに乗り、さらにバス停から少し歩いた場所にあります。お客さんにはＪＲ川崎駅についたら、公衆電話からあなたの家に電話をかけてもらい、あなたは電話口で道順を説明することになっています。あなたはこれに備えて、道順を説明するメモをつくっておかなければなりません。さて、うまくできるでしょうか。なお、お客さんは年配の人で、川崎駅に来るのは初めてです。携帯電話ももっていないので、途中で説明を加えることはできません。

例えばこんな文章が考えられるでしょう。

改札を出たら右に進みます。階段を下りて地上を直進します。最初の信号を右にわたって、最初のバス停で▲▲行きに乗車してください。××で下車し進行方向に進みます。最初の交差点を右折してしばらくすると学習塾が見えます。その向かいのマンションの五〇五号室です。

大きく説明して、細部に移る

この案内は、簡潔《かんけつ》でうまくできているように見えます。しかし、まったく川崎駅を知らない人がこれらの説明でバスにスムーズに乗り込めるかというと、どうやらむずかしそうです。

Gさんはおそらくこの案内を書きながら、頭のなかに川崎駅の様子を思い浮かべたことでしょう。広さや混み具合、通路の長さ、階段の幅や段数、エスカレーターの長さなど、毎日通学しているなじみの光景です。しかし、何も知らない人には、このような映像は浮かびません。案内文の文章しか頼りになるものはないのです。

そう思うと、この案内文は少し情報が足りないように思えてきます。まず、ＪＲ川崎駅は、東京と横浜の間のターミナル駅で、かなりの乗降客のある混雑した大きな駅です。もし、駅の構内から電話をかけてきたとするなら、その人は駅の改札が一つなのか、不安になるでしょう。幸いＪＲ川崎駅の改札は一つなので、とりあえず改札を出るところまでは間違うことはありませんが、そのことも説明してあげたほうが親切です。

Ｇさんの道案内では、改札からバス停までの道順を示しています。道順は正しいのですが、この説明だとバス停につくまで、どのくらいの距離なのか、どれくらい時間がかかるのかはわかりません。全く知識のない人には、数十秒なのか、それとも五、六分歩くような距離なのか想像がつかないので、そういう時間的な情報もあるとよいでしょう。

実際の現地は、地上に降りてから目的のバス乗り場までは歩いて二、三分の短い距離なのですが、少しややこしいところがあります。駅前が広場になっていて、途中に地下街への階段があったり、広場をめぐるように歩行者用の道や車道が入り組み、そのなかにタクシー乗り場やバス停があったりするからです。

こうしたこともう少し説明してあげたほうが親切ですが、あまり細かくするとどんどんややこしくなり、本当はすぐのところなのに、ものすごく時間がかかるような印象を与えてしまいます。

それを解決するには、「心得その三」を思い出し、大事なことから先に伝えることです。つまり、まず全体的なことを示して、だいたいイメージをつかんでもらってから、細部に移ります。そして、わかりにくいところだけあとから補足するのです。

相手の見える景色を想像する

道案内では、相手はあなたの書いた言葉による説明だけを頼りに、周囲の状況と照らし合わせながら、「目印の建物というのがこれだな」と進んでいきます。ですから、言葉が示すものは正確でなければいけません。

Gさんの案内には「交差点を右折してしばらくすると学習塾が見えます」とあります。これでも間違いではありませんが、この説明では、塾が右にあるのか左にあるのかわかりません。また、「しばらく」といっても、人によってとらえ方が違うので、なかなか目標の建物が見えてこないと、なんとなく不安になります。ことによったら、本来はもう少し進むべきところを、「見過ごしたかな」と、戻ってしまうかもしれません。

道案内や料理のレシピのように、相手に行為の手順を示すような文書の場合、自分の説明だけでうまく進めるかどうか、読み手になったつもりで確認します。道順で言えば、実際自分がその場にいて、周囲を眺めているという状況を想定してみることです。こうすることで、どれだけの情報を文字にして伝えなければならないかが、より明確になってくるはずです。

この考え方は、一般的な文書にもあてはまります。事実や自分の考えを説明するのも、こうした手順を説明するのと同じです。違うのは、説明する対象が実際に見えるものかどうかだけです。

読む側の立場になって、自分が述べていることを一つひとつチェックしながら、道順を正確に示していくのと同じように、事実や考えを丁寧に述べていきます。このとき、あなたの説明によって、読み手が、あなたの考えている道筋を間違いなくたどっていけるかがポイントです。

練習として、みなさんにもまず、最寄駅から自分の家までの案内文を、言葉だけで書いてみることをお勧めします。

ニュアンスを伝える

「伝わるのは文字だけ」と言ったときに問題になるのは、単に事実や情報の説明不足だけではありません。伝える側の「気持ち」についても同じです。相手には、自分の気持ちは、文字を通じてしか伝わらないのです。

ＬＩＮＥやメールでは、スタンプや絵文字・顔文字を付け加えて、伝える側の感情を示すことができます。みなさんもきっと日常的に活用していると思いますが、絵文字をつけるような関係でない相手に伝えるときはそういきません。もし、伝えたいことがデリケートな事柄ならば、細やかな文章表現を心がけなければ失敗することがあります。

私自身にも覚えがあります。仕事上の後輩とメールでのやりとりをしていたときのことです。対人関係の問題に話がおよび、私は「自分のことばかり考えていると世界が狭くなり、いきづまりやすい。他人のために何ができるかを考えて実行すると、うまくいくことがある」といったようなことを書きました。

私としては、「自分と真剣に向き合ってばかりいると、周りが見えなくなってしまう。案外、他人のことを考えて動いてみると自分自身についても見えてくることがある」、ということを伝えたつもりでした。しかし、後輩はそれを、「おまえは自分のことばかり考えていて利己的《りこてき》なんじゃないか」と批判されたと受け取ったのです。結局、あとで釈明《しゃくめい》することになりました。

もし、同じことを、電話や直接会って話していれば、誤解されることはなかったと思います。「心得その二」でも説明したように、会って話せば、表情や手振り、口調などで表現することができるからです。また、実際に声に出して話をすると、自分でも自分の意図《いと》したニュアンスが出ているかどうか確認することができます。書き言葉だけでこの「ニュアンス」を出すには、よほど注意をしなければなりません。

それには、自分で書いたものを声に出して読んでみるのも、一つの方法です。音読してみると、相手が傷つく可能性に気づくことができます。音読することは、気持ちをうまく伝えるためだけでなく、説明不足のチェックにも役立ちます。なんだか意味不明のことを書いていたりすることに気がついたり、目で追っていただけでは気がつかなかった言葉の間違いを発見できたりするのです。

心得　その四
相手に見えるのは「文字」だけ

- 「心のつぶやき」は文字にしないと伝わらない
- 単語、句、節、文ごとに、省略してしまった言葉がないかチェックする
- 道案内は、相手の立場で必要な情報を考えるのによい練習になる
- 相手にニュアンスや真意が伝わるような言葉を選ぶ

心得
その五

文章の「仕分け」をしよう

整理されていない文章

読みづらい文章の原因はいろいろ考えられます。「心得その四」では、説明不足による文章のわかりにくさについて説明しました。それとは別に、「整理されていない」あるいは「ごちゃごちゃしている」という印象から、「読みづらい」と感じられることがあります。みなさんもそう感じる文章に出合ったことがあるでしょう。しかし、いざ、いったい何が「整理されていない」のか、「ごちゃごちゃしている」のかと問われると、よくわからないという人も多いのではないでしょうか。

ここでは、何が「ごちゃ混ぜ」になっているかを確認し、それをどのように「仕分け」したら、すっきりと整理された文章にすることができるのか、考えてみます。

混ざっているのは何か

まず、ごちゃ混ぜの例の一つ目です。いったい何が「混ざって」いるのか考えながら、まず、次の文章を読んでみてください。高校生が企画したあるシンポジウムに参加した生徒会長のM君が、生徒会の会報に書いた報告記事の冒頭です。

五月二〇日、市民文化センターで、「高校生と社会を結ぶシンポジウム」が開かれました。市内の各高校の生徒会が協同し、高校生が、もっとさまざまな企業の活動や仕事の内容を知ることを目的として企画したシンポジウムです。

この企画は、県立W高校の生徒会が、半年前に市内の五つの高校に呼びかけたことで、実現しました。約半年間、六つの生徒会は月に一度集まり、話し合ってきました。

私もその準備にずっと関わってきましたが、みんないつも熱心でした。また、W高校生徒会顧問《こもん》のK先生は、私たちのために毎回のように会議にオブザーバーとして出席し、アドバイスをしてくださいました。先生のご指導なしでは実現にこぎつけなかったと思うと、感謝の気持ちでいっぱいです。

シンポジウムは、午前一〇時に開会。会場であるW高校のH校長先生のご挨拶からはじまりました。会場には高校生だけでなく、保護者のみなさんも含め約五〇〇人が詰めかけました。(…)

内容は十分わかるのですが、どこか読みにくい感じがしませんか。ふつうの新聞の記事でも、会議やイベントの開催《かいさい》が記事になることはよくあります。その場合、いつ、どこで、どんなイベントが行われ、その内容はどうだったか、といったことが、客観的な視点から書かれるのが基本です。客観的な視点というのは、誰が見てもそう見えるだろうという書き方です。例えば、「開会にあたって来賓《らいひん》の山田文部科学大臣が式辞《しきじ》を述べた」とか、「客席は連日満員だった」という記述は、客観的な視点によるものです。その会場にいた誰が見ても、同じように見えたと思われるからです。

このM君の報告記事も、書き出しは、まるで新聞記事のように客観的な視点で書かれています。ところが、三段落目から、急に「私」が登場します。突然、「私」の視点での文章になったということです。そして、第四段落ではまた客観的な語りに戻っています。これが違和感をもたらす原因です。

文章を書くときの二つの視点

文章には、大きく分けて、「私」の視点で書くものと、客観的な視点で書くものがあります(ただし、小説などの文学作品については複雑なので、ここでは考えないことにします)。旅の記録を綴《つづ》る紀行文やエッセイなどは、前者にあたります。「私」が見た光景、体験したことなどを語るのです。例えば、

私がその半島の突端の駅についたとき、すでに時刻は午後一〇時を回っていた。街はひっそりと静まりかえり、空腹を満たしてくれそうな店は一軒も見あたらなかった。

というように書きます。

冒頭が「私」から始まっているので、読者には、この話が「私」の視点で書かれたものだということがすぐにわかります。そして読者は、そのあとも、書き手の視点がとらえた様子を一緒に追っていきます。このスタイルが続けば、読み手は安心して書き手の言葉についていくことができます。

ところが、この「私」の視点での語りと、客観的な視点での語りが入り混じると、読者は違和感を覚えます。客観的な視点で書くのであれば、一貫してそのスタイルをとることで読みやすい文章になります。もし「私」が登場する形をとるのなら、見て感じたままを綴っていくエッセイ風の書き方で統一する方法があります。

視点で書き分けると

次の記事を題材にして、もう少しこの問題を考えてみます。ＪＲ茅ケ崎《ちがさき》駅で列車の発車メロディーに、サザンオールスターズの曲が使われることになったというユニークな話題です。

発車メロディーにサザン　ＪＲ茅ケ崎駅「希望の轍《わだち》」夢を乗せて走る車道♪

～地元商工会議所、署名集めに奔走《ほんそう》　青年部会長は「感無量」

ＪＲ東海道線・茅ケ崎駅の発車メロディーが一〇月一日から、サザンオールスターズの「希望の轍」に変わった。茅ケ崎商工会議所青年部の署名活動などで実現し、原和則会長は「感無量」と喜んでいる。

サザンオールスターズの桑田《くわた》佳祐《けいすけ》さんが同市出身であることから、原会長らが「地元に元気を与えてくれる」と発車音の変更を発案。今年六月下旬から九月上旬にかけ、同駅北口のペデストリアンデッキなどで署名活動を行い、一万三四四人分を集めた。活動に賛同した観光協会や地域住民らからも横浜支社に要望が寄せられ、「地域活性化の一環として」（横浜支社企画課）、変更が実現した。（…）【渡辺明博】

（毎日新聞　二〇一四年一〇月七日　地方版）

これは、事実を伝える一般的な新聞記事なので、一貫して客観的な視点から語られています。そこに「私」は登場しません。もし、これを私の視点による、体験ルポのような形で書きなさい、と言われたらどうなるでしょうか。

　東京駅からJR東海道線下りに乗り約一時間、茅ケ崎駅に降り立つと、しばらくして列車の発車とともに、サザンオールスターズの名曲のサビの部分が流れてきた。なるほど、これがこの一〇月一日から流されるようになった「希望の轍」のメロディーなのか。

　サザンオールスターズの主役、桑田佳祐さんの出身である茅ケ崎ならではの選曲だ。ホームを歩く人たちの顔も楽しげに見えるから不思議だ。

　こうした粋《いき》なはからいが実現したのは、地元の人たちの署名活動の結果だという。さすが、地元で愛されているサザンならではのことだと改めて感心する。地元の活性化もねらっているというのだから、サザンの力は大きい。(…)


　こう書くと、「私」という言葉こそありませんが、読者ははじめから、書き手である「私」の視点で話を追っていくことになります。二つのスタイルの違いをわかってもらえたでしょうか。なお、新聞や雑誌にも、こうした視点から書かれる記事があります。新聞では特集記事に多く見られます。

視点は混ぜないほうが安心

なお、ルポや紀行文では、「私」の視点と客観的な視点が入り混じった形で書かれることがあります。例えば、

私がその半島の突端の駅についたとき、時刻はすでに午後一〇時を回っていた。街は静まりかえり、空腹を満たしてくれそうな店は一軒も見あたらなかった。

この町にも、かつては深夜まで賑《にぎ》わう駅前の盛《さか》り場《ば》が存在した。それが姿を消したのは二〇年前のことだ。長年この町の経済を支えてきた▲▲工業が、不景気のあおりを受けて倒産した。それにつれ、何百人もの労働者がこの町から去ったのだ。

などという文章では、無理なく「私」の視点から、客観的な視点に移行しているように見えます。しかし、こうした文章を書くには、それなりの技術が必要です。

一般的な報告書のスタイルでは、客観的な記述を貫くのが無難《ぶなん》です。もし、途中で、感想や意見を加えたいと思ったとき、つまり、視点を客観的なものから「私」に変える必要があるときは、切り替えを示す言葉を入れるとわかりやすくなります。

M君の報告でいえば、第三段落の内容は、文章の最後にまとめて書くとうまくいきます。

このシンポジウムに企画当初から参加した私としては、これほどの好評を博《はく》したことを、本当にうれしく思いました。打合せ会議の段階からみんな熱心に取り組んでいたので、その思いが結実してよかったです。また、W高校の生徒会顧問のK先生は、会議にほぼ毎回オブザーバーとして出席し、アドバイスをくださいました。先生のご指導なしでは実現にこぎつけなかったと思うと、感謝の気持ちでいっぱいです。

「このシンポジウムに企画当初から参加した私としては、」という言葉によって、視点が変わったことがわかり、読者はそのあとを安心して読んでいけます。こうした切り替えの言葉をうまく使うことがコツです。

事実と気持ち（意見）は分けて書く

さて、次の「ごちゃ混ぜ」の例に移りましょう。次の文を読んで見て下さい。ある高校生が、「過労死」についての短い紹介ビデオを見て書いた感想文です。二つ例を挙げます。

例1　過労死という日本語が「karoshi」と英語にもなったように、日本人の働き過ぎは国際的に知られているそうだ。私はこの問題にもっと真剣に取り組むべきだと思う。過労死が日本で社会問題になったのはいまから二〇年以上前のことだという。二〇年前といえば、私たちが生まれる前のことで、そのころからの状況が今でも変わっていないなんて、本当に驚くべきことだ。最近では「過労自殺」という問題も注目されるようになったらしい。なぜ日本は二〇年も同じ問題を抱《かか》え続けているのだろうか。

例2　過労死という日本語が「karoshi」と英語にもなったように、日本人の働き

過ぎは国際的に知られているそうだ。過労死が日本で社会問題になったのはいまから二〇年以上前のことだという。最近では「過労自殺」という問題も注目されるようになったらしい。
私は過労死はもっと真剣に取り組むべき問題だと思う。二〇年前といえば、私たちが生まれる前のことで、そのころからの状況が今でも変わっていないなんて、本当に驚くべきことだ。なぜ日本は二〇年も同じ問題を抱え続けているのだろうか。

ほぼ文章の順序を入れ替えただけですが、例2のほうがずっと読みやすく感じるのではないでしょうか。例1の文は、ビデオで知った事実と、書き手の気持ちが交互に述べられています。ある事柄について、事実と、それに対する意見や感想、分析などとを、混ぜて書くと読みづらくなります。

例2の文では、ビデオを見て学んだ情報はまとめて列記して、その後で書き手の意見をまとめて述べています。並べ替えてみると、この高校生はとくに「二〇年経っても問題が解決されていないこと」に関心をもっていることがはっきりします。

肯定と否定もしっかり分けよう

似たような例として、ある事柄について、肯定的な内容と否定的な内容が入り組んでいる文章も読みづらくなります。例えば次のような文章です。

学校にスマホを持ってくることについては、反対する声が多い。しかし、私はスマホも学校で役に立つと思う。授業で何かわからないことがあったとき、スマホがあればそのあとの休憩中にすぐに検索して調べることができる。でも、もちろん授業中に使うのはよくないと思う。でも休み時間や放課後だけ使うと決めればいい。それから、勉強や進学に関係ないことに使って遊ぶのもよくないと思う。しかし、単語帳アプリで勉強したり、進学情報を調べたりすれば、時間を有効に使うことができるはずだ。

「しかし」や「でも」が続くために、読み手にジグザグな印象を与える文章です。これも、肯定的な内容と否定的な内容を分けて、それぞれまとめて書くことで、文章がすっきりします。この場合、書き手の伝えたいのは肯定的な意見なので、それが強調されるように書くのがいいでしょう。否定的な内容は、予想される反論としてまとめ、次のようにすれば、全体をすっきり読むことができます。

学校にスマホを持ってくることについては、反対する声が多い。たしかに、授業中に使うのはよくない。もちろん、勉強や進学に関係ないことに使って遊ぶのもよくないだろう。

しかし、私はスマホも学校で役に立つと思う。

休み時間や放課後という時間に限って、勉強や進学のためだけに使うと決めれば、授業で何かわからないことがあったときに休憩中にすぐに検索して調べたり、単語帳アプリで勉強したり、進学情報を調べたりと、時間を有効に使うことができると思う。

地の文と発言・引用を頻繁に混ぜない

文章のなかで、会話文や引用文以外の箇所、つまり説明や描写などをしている文のことを「地《じ》の文」といいます。この地の文の間に、頻繁《ひんぱん》に誰かの発言や、引用が混じると読みづらくなります。

例えば、文化祭が終わって、そのまとめの会議について、報告するとしましょう。

「文化祭まとめの会」では、さまざまな意見や感想がでた。鈴木さんは「ケガや事故もなく終わってよかった」と言った。田中君は「お化け屋敷が好評だった」と発言した。谷さんは「ミスコンもにぎわった」と言った。佐藤さんは「今年は昨年より一般のお客さんの入りが少なかったのは残念だった」と発言した。山田君は「ポスターを貼ったのが遅かったからかもしれない」と答えた。そのあと、文化祭の会計処理をして、会は終わった。

このような形は読みづらいですね。もし議事録としてまとめるのであれば、個々の発言を箇条書《かじょうが》きにして整理することができます。あるいは、発言をその言葉通りに紹介する必要がない場合(内容の要旨がわかればよい場合)は、自分の言葉に直して表現します。

「文化祭まとめの会」ではさまざまな発言がありました。好評だった企画として、お化け屋敷とミスコンが挙げられました。一方で、一般のお客さんが昨年より少なかったことに対して、残念だとする感想があり、その原因としては、告知ポスターの掲示が遅かったためではないかという意見も聞かれました。また、何より、ケガや事故がなく無事に終了したことを喜ぶ声もありました。会はそのあと会計処理を行って、終了となりました。

こうすることで、すべてを地の文にすることができ、ごちゃごちゃした印象を与えずに読んでもらうことができます。

心得　その五
文章の「仕分け」をしよう

- 客観的な視点と「私」の視点は分けた方が安心
- 「事実」と「意見や気持ち」も分けて書く
- 「肯定的な内容」と「否定的な内容」を行ったり来たりしない
- 地の文と発言・引用も頻繁に混ぜない。可能なら発言を地の文に織り込む

心得
その六

理解不足のことは伝わらない

うまく書けないと考え込む前に

ここまで「心得その一」から「その五」までを見てきました。いずれも、自分のなかの「伝えるべきこと」を、うまく相手に伝えるためにはどうしたらよいか、という心構えでした。

しかし、文章をうまく書けないのには、まったく別の問題があることがあります。それは「伝えるべきこと」について、自分の理解が十分でない場合です。「どうもうまく書けない」、「話をまとめることができない」という悩みを持っている人のなかには、「文章の書き方」や「整理の仕方」ばかり気になっていて、自分の「知識不足」「情報不足」による理解不足に問題があると気づいていない人が、意外と多いのではないでしょうか。

もちろん、自分の気持ちを伝えるような文書、例えばお礼状や謝罪文などで、情報不足や知識不足が問題になることはまずありません。情報集めが重要になるのは、何かについて調べて報告したり、ある問題について自分の意見を述べたりするような文書です。言い換えれば、書くための「材料」が必要な文書です。講演や会議の内容をまとめる場合も、あまりにも知識が足りないと話が十分理解できず、まとめることができないことがあります。

この章では、これまでと少し角度を変えて、書くための材料である情報を、集めて整理する方法について話しましょう。

「一〇を聞いて一を書く」

新聞や雑誌の記事、報告書、企画書、そしてレポートや論文などを書くときは、その材料となる事実や情報を得るための「調査」や「取材」という作業が重要です。材料集めの方法はいろいろです。書籍や新聞、雑誌のほか、社内や校内の書類やデータ、インターネット上の情報、写真、映像などにあたったり、人に会ったり問い合わせたりして話を聞くこともあります。集めた情報を取捨選択《しゅしゃせんたく》して使いながら、一つのテーマのもとに明らかになった事実を組み合わせ、まとまった形にしていきます。

私が新聞記者をしていたとき、「一〇を聞いて一を書く」という言葉をよく聞かされました。「一〇を聞いて一」というのは、言葉の綾《あや》で、必ずしも「一〇分の一」とは限りませんが、いずれにしても、人にあれこれ話を聞いたりいろいろ調査をしたりしても、それをもとに記事を書いたとき、文字として表に出るのはそのうちのわずかだということです。

例えば、新聞の小さなコラムのなかで、「Fさんは「……」と、笑顔で語った」などと、誰かの発言が引用されていることがあります。しかし、実際に記者がFさんに取材して聞いた話は、たいていその何倍もあります。記者は限られた文字数の記事のなかで、自分が書こうとしたテーマの話にあったわずかの言葉を選んで文字にするわけです。では、調べたり聞いたりしたけれど、使われずに終わった多くのことは無駄《むだ》になってしまうのかというと、決してそんなことはありません。取材の過程で得たものは情報として、また人との関わりとしても蓄積《ちくせき》されていき、何かのときに役に立ちます。

一の真実のために一〇の調べを

さらに考えてみると、「一〇を聞いて一を書く」という言葉には、また別の意味があるように思われます。それは、一つの事実を明らかにするためには「一〇を聞く」必要がある、ということです。さきほどのFさんへのインタビューのように、一〇のうち一を選んで書く、という数や量の問題ではなく、一の事実のために一〇を調べ、そこに重みや厚みを加える、という質の問題です。記者やノンフィクションの作家は、それこそ時には一〇〇を聞いて一を書くような取材をすることもあります。これは何も大事件の真相に迫る場合だけではありません。事実にこだわると、文字にしたら些細《ささい》なことでも、その裏付けのためにたくさん調べなければいけないということです。

これについては、私自身の経験を紹介しましょう。私はかつて、ある高校野球の試合を題材にしたノンフィクションを書いたことがあります。なぜその試合を取り上げたかというと、そのスコアが、「一二二対〇」という前代未聞のものだったからです。どうしてこんなことが起きたのか、知りたいと思ったのです。

一九九八年夏、青森の地方大会でこの珍事《ちんじ》は起きました。青森市の青森県営球場での第三試合、強豪《きょうごう》の東奥義塾《とうおうぎじゅく》と弱小の深浦《ふかうら》高校の対決でした。ここでは詳しいことは省きますが、「細かく調べないとわからないこと」の例として、二つの点を挙げます。

試合は、七回でコールドゲームになりましたが、試合時間は三時間四七分に及びました。これは通常の高校野球の試合時間の二倍ほどにあたります。これに対して、「長くてだれた試合だった」というような批判が一部から出ました。しかし、よく調べるとそんなことはありませんでした。打席数や得点数からみれば、総攻撃時間は決して長くはなく、試合時間の大半を占めた東奥義塾の攻撃では、選手たちがいかに集中して、積極的にスピーディーに動いたかがわかりました。つまり、「試合時間は長かったが、選手たちはだれることなくきびきびと動き続けた」となります。

また、この日の天気は快晴でした。単純に考えれば「真夏の炎天下での長時間の試合だった。だから、選手たちの体力は激しく消耗《しょうもう》した」と言いたくなるところです。たしかに選手たちの体力は激しく消耗したようでした。しかし調べてみると、試合時の最高気温は二一・八度で平年より三度ほど低く、風も最大で七メートル余りありました。つまり選手たちの体力を奪ったことを安易に「真夏の炎天下」と結びつけて言うことはできないのです。事実にのっとって書こうとすれば、「この日の午後は、例年の真夏の晴天下に比べれば過ごしやすい気候だった。しかし、長時間にわたる試合で選手たちの体力は消耗した」となります。

悩むより調べたほうが早い

ここまで細かい事実の検証ではなくても、あいまいなことや疑問の残る点は調べてみることです。例えば、会議の内容をまとめるときに、聞き逃していたり、前提となる知識や情報が不足していてよく理解できないときは、同席していた人に確認するとか、本にあたるなどして補うことができます。

あいまいなまま書こうとすると表現上も苦労します。ある事柄が事実かどうか確認できない場合、「〜である」と断定できずに、「〜と言えるだろう」とか「〜とも言われている」といった表現をすることがあります。よく言えばうまく逃げる、悪く言えばごまかすやり方です。これは使い方次第ですが、少なくとも調べればわかりそうなことは、手間を惜《お》しまず調べて、「〜である」と書いたほうがいい文章になります。

「なんだか面倒だな」と思う人もいるかもしれませんが、「案ずるより産むがやすし」。ど

う書こうかあれこれ悩んでいるよりも、調べたり問い合わせたりするほうが早いことが多いのです。また、確認する過程で、その事実だけでなく関係する他のことも知識として得られる可能性があります。

料理にたとえれば、肉ジャガをつくろうと決めていたのに、肝心かなめのジャガイモを買い忘れてしまったときのようなもの。どうしようか、何か別の材料で代わりにならないかな、などと考えているより、ジャガイモを買いに行ったほうが早いし、もともと本当に食べたかったものがつくれます。

調べる方法を調べる

では、実際調べるためにはどうしたらよいでしょうか。ここでは、あなたが「世界遺産登録と地域振興《しんこう》について」というテーマで調べてまとめる場合について考えましょう。

調べることに慣れないうちは、効率よく資料を集めたり、人の話を聞いたりすることはできません。何かコツがあるといいのですが、「急がば回れ」ということわざ通り、残念ながら近道はありません。経験を積んでいくことで、らせん階段を上るように、だんだん調べ方についての知識が増え、感覚が磨かれるのです。

情報を得る手段は数多くありますが、まずはインターネットで検索するという人は多いでしょう。たしかにインターネットで検索すれば、たいていのことは出てきます。その代わり、たくさんの情報があるので、どれを選んだらいいのか迷うのではないでしょうか。

もちろん、一つひとつのサイトを地道に比べていけば、そのうち、どれが詳しくて信頼できそうな情報なのかわかるかもしれません。また、ウェブ上の情報は、その出所、元になった情報源が簡単にわかることがあります。あるサイトの情報が、別のサイトの情報をコピーして貼りつけたり参考にしたりしたものであることは日常茶飯事《にちじょうさはんじ》で、さらに情報源をたどっていくと、新聞記事や書籍が元だったということがよくあります。その元の情報を探し確認することも一つの方法です。しかし、それにはとても時間がかかります。かといって最初から書籍や行政の資料に当たろうと思っても、いったいどれに求めている事柄が書かれているのかわからないのがふつうでしょう。

もし教えてくれる先生や教授がいるのであれば、まずは尋ねてみるのが一番です。「日本の世界遺産と地域の活性化について調べているのですが、どういう本や資料にあたったらいいでしょうか」と尋ねれば、直接の答えはなくても、探す方法は教えてくれるはずです。

先生に聞かなくても自分で調べられる、という人もいるでしょう。しかし、自分が調べる方法よりも、もっといい方法があるかもしれないのです。それは、経験や専門的な知識のある人でなければわかりません。自分だけの方法に留まっていると、狭い範囲での調査結果に終わってしまう危険性があります。

資料にあたるとき

例えば、世界遺産登録と地域振興について調べようとするとき、漠然《ばくぜん》とあれこれ資料にあたってもまとめるときに苦労します。そこで最初にどういう観点でまとめるのかを仮に決めておきます。まとめようとする内容に仮説を立てておくといってもいいでしょう。その仮説を立証するための資料にあたります。

「世界遺産登録は町の経済的な発展を助けるのか」という観点からまとめようと思ったら、まず調査対象となる地域の歴史、とくに近代になってからの地域の人口の増減や商業の様子をある程度調べておきます。それには、自治体が発行している「○○町史」などが参考になります。また、最近の情勢についてであれば、さまざまなデータから町をとらえている「○○町町勢要覧《ちょうせいようらん》」が役に立ちます。

もし有名な人物や社会問題、事件などを調べようと思ったら、それについて書かれた書籍はたくさんあります。このなかから信頼できるものを選ぶのは、ウェブ上から信頼できる情報を選ぶのと同じように大変です。さきほどお話ししたように指導者のアドバイスが有効ですが、もしアドバイスを受けられないような場合は、その情報がオリジナルであることが信頼するための一つの基準になります。

本の巻末には、その本を書くために使用した「参考文献一覧」がついていることがあります。専門的な本ほど、記載のあるものが多いので、まずはそこを見ることをお勧《すす》めします。同じようなテーマを扱ったもっと詳しい本があるとか、どの本でも参考資料に挙げられている重要な本がある、ということがわかります。

うまく聞くには準備が大事

調べる方法のなかには、誰かに話を聞いて情報を得るというのもあります。ここにもポイントがあります。問い合わせや聞き取りでまずすべきことは、聞く前の段階での下調べです。問い合わせの場合、最初から全部教えてもらおうという姿勢は、尋ねる相手にいい印象を与えません。答える側も、質問する側がどの程度まで知っているかを確認することで、より的確に答えることができます。もちろん、いくら下調べをしていっても、親切に教えてくれない人もいるでしょう。どうも相手がちゃんと答えてくれないと感じたら、聞く相手を替えることです。また、そうでなくても、複数の人にあたることは大切です。世界遺産登録と地域振興の例でいえば、ある人は文化遺産には詳しくても自然遺産には詳しくないかもしれません。ある人は親切でいろいろ教えてくれるけれど情報が古いかもしれません。できることなら一つに頼らずに複数から情報を得ることです。そうすれば、より厚みのある客観的なものにまとめることができるでしょう。

同様に、人に取材をするときは、事前に質問項目を考えておくことが大切です。ただ「わからないから知りたいこと」を挙げるのではなく、書きたい文書の展開を考えて質問項目を立てます。なかには事実確認のための質問もありますし、あるいはコメントや証言として使うための質問もあるでしょう。

あなたは、「地元の人たちは地域振興をもたらすものとして、世界遺産登録に賛成している」という仮説に基づいて、地元の人たちへの聞き取り調査をし、「世界遺産は観光資源になると期待していますか」と質問しました。これに対して「なんとか地域振興の一環として期待したいものです」などの答えが多くの回答者から返ってくれば、「この仮説は正しそうだ」と判断でき、レポートで論を展開していくときに、その回答を仮説の根拠の一つとして挙げることができるだろうという目途《めど》がつきます。

結論ありきの質問はNG

しかし、もちろん、自分が想定した内容に合わせて、無理に答えを引き出すような質問ばかりするのは問題です。仮説に基づいてある事実を述べようとするとき、仮説を裏付ける事実だけを集めようと思えばできないことはありませんし、その事実だけを組み立てて「なるほど」と思わせるような文書をつくりあげることもむずかしくはありません。

例えば、会社員のAさんについて、「Aさんがいかに真面目な人か」ということを証明しようとして、「Aさんの真面目な点を教えて下さい」と周辺の人に聞いてまわったとしたら、真面目なエピソードがそれなりに集まって、「Aさんは確かに、まじめな人だ」という報告がおそらくできるでしょう。しかし、もし、「Aさんの不真面目な部分を教えて下さい」といって情報を集めようとしたら、今度は「Aさんはかならずしも真面目とはいえない」という文章が書けてしまうかもしれません。

一面的な事実だけを集めようとするのは、正しい取材や調査のあり方ではありません。自分の仮説に反することも探し出そうとする心がけは必須《ひっす》です。反証がほとんどないことが確認でき、それを示すことができたら、読者にとってより説得力のある文書となるはずです。

質問に想定外の答えが返ってきたときは、それが興味深い内容であれば、自分の用意した質問内容にこだわらずに、方向を変えてやりとりをしていきましょう。

もし、「地域振興なんかまったく期待していない。観光関連の商売も東京や大都市の業者が繁盛《はんじょう》するばかりで、訪れる人が多く住民は環境面で困るだけだ」といった答えが返ってきたとします。そのような声が多く聞かれ、「自分が想定した仮説は事実と違うのではないか」と思えば、その線にそってさらに質問をしたり、資料にあたるなどします。

そして、やはり「当初の仮説は違っていた」と確信すれば、新たな論の展開を考えます。仮説を変え、質問の内容も変えていきます。遠回りをしたようですが、決してそうではなく、その道のりで、より事実に近い新たな仮説を得られたということなのです。

調べたことは早めに整理

人に聞いた話のメモでも、文献でも、書くために集めた資料は、できるだけ早く整理をしておくことが大切です。そういう私自身も、調べることに一生懸命になって、つい整理を怠《おこた》った結果、「Aさんに聞いた話とBさんに聞いた話の区別がつかなくなってしまった」とか、「この資料のどの部分が重要だったのかわからなくなった」と何度も痛い目に遭《あ》いました。

話を聞いたときは、できればその日のうちに、いつ、どこで、誰に何を聞いたのか、という基本的なデータと一緒に記録しておくべきです。ICレコーダーなどで録音した場合も、ファイルにきちんと名前をつけて管理しておき、大事なものは予備のバックアップファイルを作ります。録音機器だけに頼らず、紙に記録を残しておくことも必要です。

書籍については、最初に目を通したときに自分が必要と思うところを見つけたら付箋《ふせん》をつけ、何の参考にするのかなど、簡単なメモを添えておくと楽です。

ウェブ上の情報については、「お気に入り」に入れて整理しておく方法がありますが、数が多くなると管理がむずかしくなりますし、ページのなかの情報の全部が必要なものではないので、大事なところや必要な部分は印刷するか、画面上からコピーして別のファイルにペーストし、まとめておくことをお勧めします。メールで尋ねて得た回答なども、メールのままにしておかず、別のファイルにまとめて記録して、印刷しておくのがよいでしょう。

資料が多くなると、わかりやすく取り出しやすくしておく方法を考えなければいけません。

まず、取材にしろ、紙の資料にしろ、ウェブ上の情報にしろ、すべての資料について、それを取得した日にちは必ず記しておきます。証言を得た日付は、情報としてそれ自体重要なものですし、ウェブ上の情報はよく更新されることがあるので、その意味でも日にちの記録は必須です。そして情報整理で混乱したときも、「これはいつ調べた(聞いた)ものか」がわかると、記憶をたどって思い出す手掛かりになります。

しかし、資料を整理するときに、すべてを時系列で並べるのは得策ではありません。集めた資料がどういうところで使われるかを想定して、ジャンル分けしてまとめておきます。でも、あまり細かく分類するとかえって使いづらくなることがあります。

とにかく、調べたことは早めの整理が肝心です。釣った魚は、内臓を取り除いて冷凍にしておけば、時間がたってからでも食べられます。記録も「鮮度のいいうちに」処理をして、いつでも使えるように用意しておくわけです。

どうやってまとめる?

書くための素材がそろったら、次は「料理」です。ここまで調べてきた「世界遺産登録と地域の活性化」についてまとめます。

素材が集まったら、改めて論の展開を考え直します。同時に「仮の見出し」を考え、ノートに書いてみます。これまでの調査から、ポイントは「世界遺産に指定されると、観光をはじめ地元の産業が盛んになる可能性が非常に大きい」と判断しました。見出しは、「地域振興にもたらす影響が大」、「とくに観光事業が盛んに」と、二本にします。

話の展開については、最初に、「世界遺産のある自治体の産業は、観光をはじめとして、いくつかの分野が活性化する」ということを述べ、つづいて三つの自治体での実例を挙げてこれを裏付ける、という流れにします。実例の部分では、世界遺産に登録される前と後で、観光事業やその周辺産業にどのような変化があったかを、述べることにします。ここで、集めたさまざまな資料から得た情報と、現地の観光業者などから聞き取り調査した結果を使うことができます。最後に結論を繰り返して全体をまとめます。

展開としては、非常にシンプルです。世界遺産の登録が、確かに地元の産業振興に大きな役割を果たしているか。これを、調べたことをもとに説明できているかが、このレポートがうまく書けているかどうかのポイントです。

- うまく書けないのは、理解不足が原因かも
- 書く前に情報を集め知識を増やす
- 調べる方法は指導者や専門家に聞く
- 問い合わせや質問の前には、下調べ
- 調べたことはなるべく早く整理

心得　その六
理解不足のことは伝わらない

Ⅱ　ケース別・実践編

Ⅱでは、ケース別、目的別に実際の文書をつくるための注意点を学びます。高校生、大学生の主人公が、フェスや文化祭、職業体験など、それぞれの場面で、慣れない文書づくりにトライします。あなたもぜひ実際に書いてみてください。

ケース1

質問・問い合わせ
フェスの出番がわからない

優佳《ゆうか》さんは、大学一年生。高校生のときから「ファイアー&レイン」というバンドを組んで活動し、リードギターを担当しています。メンバーのうち三人が同じ大学に入学したので、みんなで軽音サークルに入り、引き続きバンド活動をしています。五月からは、大学周辺のライブハウスにときどき出演するようになりました。

そして、六月、アマチュアバンドを中心にした「真夏の夜フェス」という野外フェスに出演しないかと誘われ、「ファイアー&レイン」のみんなと参加することになりました。

初めてのフェスへの参加で、うれしい半面、とても緊張する優佳さん。いつものライブハウスとは勝手が違って、準備もどうしていいかわかりません。開催日《かいさいび》まであと二週間なのに、まだ出演の順番がわかりません。それによっていろいろ考えることもあるのに……、と優佳さんは心配になります。衣裳や荷物もあるので、控《ひか》え室の有無が気になります。重い機材を運ぶのには、バンドのメンバーが車を出すことになっているのですが、車がどこまで入れるかによって、誰かに手伝いをお願いする必要があるかもしれません。

最初にもらった参加案内の要項だけではよくわからないので、優佳さんは思い切って、フェスの実行委員会宛てに、メールで問い合わせをすることにしました。

でも、日頃は友達とのLINEのやりとりばかりで、ちゃんとしたメールを送ったことがない優佳さんは、不安になっています。

さて、どうやって問い合わせのメールをつくったらいいでしょうか。

まずは心得をチェックしよう

優佳さんだけでなく、みなさんも、指定した日時に宅配便が届かない、イベントのチケットをどうやって入手したらいいのか知りたい、など毎日の暮らしのなかで質問や問い合わせをすることはよくあるでしょう。こういうとき、必要な情報を相手から効果的に引き出すにはどうしたらいいでしょうか。

インターネット上での情報のやりとりが中心になって、電話よりもメールを使った問い合わせが増えてきました。電話には電話のむずかしさがありますが、メールには、その場でやりとりができないという難点があります。そのため、問い合わせる方も回答をする方も、一度で情報が伝わるように、的確な表現が要求されるのです。しかし、実際は互いに足りないところがあって、何度もやりとりをしたり、誤解が生じたりすることがよくあります。

少しでもこうした手間を省くために、問い合わせる側としてはどうしたらいいでしょうか。いくつかポイントがあります。

しかし、その前に、大事なのはⅠで学んだ心得六カ条です。問い合わせに限らず、心得六カ条は文書を書くときの基本です。みなさんも優佳さんと一緒に考えてみましょう。

「その一　まず相手のことを考えよう」――この場合、相手はフェスの実行委員会の担当者です。互いに直接面識がないので、もちろん丁寧な言葉を使います。また、おそらく相手は学生ではなくて社会人でしょう。そういう意味でも、堅苦しくない程度の敬語を使ったほうがよいでしょう。また、問い合わせにきちんと答えてもらうためにも、相手に好印象を与えることは大事です。

要項に「問い合わせはメールで」とあったので、メールを送るのは問題がなさそうです。実行委員会のところには、出演者や観客などからたくさんの問い合わせがくることが予想されます。自分が出演者であることを早めに伝えると、相手に親切です。

「その二　テーマと見出しを意識しよう」――今回は問い合わせなので、その内容が相手に伝わるように、メールの件名をつけるといいでしょう。

「その三　大事なことから先に伝えよう」――はじめてメールをする相手なので、冒頭は「はじめまして」として、自分のことを伝えたら、すぐに本題に入りましょう。質問はまとめて箇条書き《かじょうが》きにすると、相手も見落とさず、すべての質問に答えてくれるでしょう。

「その四　相手に見えるのは「文字」だけ」――大事なのは書き終わったら読み直すこと。少し時間がたってから読み直してみて、相手に失礼なことはないか、相手に理解してもらうための情報として不足していることはないか、確かめましょう。

「その五　文章の「仕分け」をしよう」――今回は問い合わせなので、「私」の視点からの語りになります。

「その六　理解不足のことは伝わらない」――今回はそれほど調査が必要なものではありませんが、あらかじめもらった要項を改めてよく読んでおきましょう。尋ねようと思った内容が、実はすでに要項に載っていたということがないように。

問い合わせのときの注意点

さて、これらを踏まえた上で、とくに問い合わせのときに注意すべきことを考えてみましょう。大事なのは回答してくれる相手にとって必要な情報を与えることです。

一つ目は、問い合わせるべき内容、例えば商品についての問い合わせであれば、商品名や品番などできるだけ具体的な内容を書き添えるようにします。

二つ目として、質問者である自分についての情報を提供することです。名前や住所だけでなく、自分が問い合わせる内容について、どの程度の知識を持っているかということも伝えましょう。パソコンの使い方について尋ねる場合なら、「私はパソコンを使用してからまだ半年くらいの初心者です」とか、旅行についての情報を得ようとするなら「いままで札幌《さっぽろ》市には一度も行ったことがなく、まったく事情がわかりません」といった情報を相手に与えます。すると、答える側としては質問者がどの程度の知識と情報を持っているかを具体的に把《は》握《あく》でき、質問者に合わせた答えをしやすくなります。

三つ目は、質問への回答を、どのような形で希望するのかを具体的に記すことです。期限があるのならば「一五日までにお願いします」と明記します。期限があっても回答がないのはよくあることなので、期限が重要であればその旨を記したり、目立つように書いておきます。また回答の方法についても、「メールでも電話でもかまいません」などと添えた方が相手も答えやすくなります。

最後に、電話で問い合わせる際の注意も述べておきましょう。電話では、質問に答えてくれる人についても確認しておきます。電話を切る前に、必ず相手の名前を聞いてメモをとるようにすれば、二度目に聞くときや情報が違っていたときには、あとでスムーズに確認できます。

また、電話でやりとりをしていると、「あれ、相手の人はあまりよくわかっていないんじゃないかな」と感じることがあります。そこで「失礼ですが、あなたはどういう部署の方ですか」と聞いてみると、「本日、担当の者が出張中で私は▲▲部の者です」などと言われ、それ以上話をしても無駄《むだ》な場合もあります。そのようなときは、改めてかけ直す方がよいでしょう。

宛名はどうする？

問い合わせのための情報を整理し、自分についての情報も知らせる用意ができ、回答についての方法なども確認したら、事前の準備は完了です。いよいよメールを書きますが、本文に入る前に、宛名の書き方について検討する必要があるかもしれません。メールの場合、宛名は最初に書きます。

通常のメールのやりとりでは、「▲▲通信株式会社　営業部　山田○○様」「□□大学　学務課　課長　田中××様」などというように、会社や組織の名前、部署名や肩書き、名前、という順で書くことが一般的です。所属する組織のないフリーの仕事をしている人であれば、名前のみでかまいません。

しかし、問い合わせでは、担当者の名前がわからないことが多いでしょう。その場合、宛先の書き方には主に二つ方法があります。一つは「○○通信株式会社　顧客サービス部御中」といった書き方です。「御中」というのは、会社や組織、部署などにつける敬称で、「サービス部様」など「様」を使うのは間違いです。もう一つは、「〇〇通信株式会社　顧客サービス部　ご担当者様」とする方法です。これは「これから問い合わせる内容に関して担当している部署の人に宛てて」という意味になります。

なお、個人名や会社名のような固有名詞については、漢字の字体に注意が必要です。私の名前にある「龍」という字も、ときどき「竜」と表記されていることがあります。ある図書館のデータベースで、著者名に自分の名前を入れて検索してもヒットせず、おかしいなと思って調べると、そのデータベースには私の名前は「竜」の字で登録されていました。「濱田」や「澤田」という苗字《みょうじ》の人に対してメールを書くときなど、送り手が勝手に「浜田」、「沢田」と、字体を変えてしまうのも失礼にあたります。固有名詞には、現在一般に使用されない古い字体や略字を用いて正式名としているものもあります。それぞれの名称に固有の字を正確に使うように心がけましょう。

メールを書いてみよう

さて、いよいよ問い合わせのメールです。次の例文を読む前に、一度自分で書いてみて下さい。優佳さんはどのようなメールを書いたでしょうか。あなたのものと比べてみましょう。

件名「「真夏の夜フェス」出演にあたってお尋ねします」

「真夏の夜フェス」実行委員会　ご担当者様

はじめまして、八月四日の「真夏の夜フェス」に出演することになっています、バンド「ファイアー&レイン」のリードギターの山本優佳と申します。

このフェスに参加するのは初めてのことなので、大変楽しみにしているのと同時に緊張しています。先日参加にあたっての要項をいただきましたが、いくつか不明な点があり、これについてお尋ねしたいと思いメールを差し上げた次第です。

以下三点質問事項を記します。お忙しいところ大変恐縮ですが、ご回答をお願いいたします。

①当日の出番が決まるのは何日前か

②着替えや荷物を置くための控え室はあるのか
③楽器など機材を搬入する車はどこまで入ることができるか
なお、参加準備の都合もありますので、来週日曜日(七月二五日)までにご回答いただければ大変助かります。メールあるいは電話のいずれでも結構です。フェスに備えて日々練習しておりますので、よろしくお願いいたします。

ファイアー&レイン(ギター担当)　□□優佳
E-Mail：yuuka@email.adress　電話090-0000-000×

優佳さんはかなり上手に書けたようです。件名から、問い合わせ、それも、観客ではなく出演者からの問い合わせであることがわかります。

「はじめまして」に続いて自分の所属と名前をいい、自分はフェスの出演が初めてで詳しくない、という情報を伝えています。大事な質問はまとめて箇条書きにしました。なお、箇条書きには敬語を使う必要はありません。

「お忙しいところ恐縮ですが」という表現は、社会に出るとよく使いますので、覚えておくと便利です。「〜と思い、メール（お手紙、おたより）を差し上げた次第です」というのも、とくに初めてのときに使いやすい表現です。

そして、最後に回答の期限と方法を記します。期限を書くときは、必ず「○月×日」と日付を書きましょう。「来週」「今週末」のような表現は、人によっては解釈《かいしゃく》が異なることがあり間違いの元ですし、のちに自分が確認するときにも不便です。

なお、この本は縦書きなので、例文も縦書きで書きましたが、実際のメールは横書きです。縦書きでは数字は漢数字で書くのが一般的ですが、横書きの場合は算用数字で書きます。

優佳さんは無事、回答を得て、バンドメンバーたちとしっかりと準備をして、現場でもとまどうことなくフェスに臨むことができました。思いのほか緊張もせず、演奏は大好評。大きなステージはやみつきになりそうです。

ケース１
「質問・問い合わせ」のまとめ

- 回答する側に必要な情報を知らせる
- 回答のもらい方について、期限や手段などを具体的に伝える
- 宛名や書き方などに失礼や誤りがないか見直す
- 複数の質問は、箇条書きにして伝える

ケース2
苦情
スマホがすぐ壊れた！

高校生の翔太《しょうた》くんは、先日初めてスマホを買いました。これでやっと友達とたくさんやりとりができる、と喜んでいたところ、買ってから一カ月後、メールが受信できなくなりました。どうやらスマホの通信機能が故障したようです。

数日後には自然と受信できるようになりましたが、大事なメールを見落とし友人に大変な迷惑をかけてしまいました。店員に勧《すす》められて買ったものでもあったので、怒りがこみあげてきました。確か保証期間があったと思いましたがはっきりしません。

購入した店は自宅からかなり遠いので、直接苦情を言いに行く時間はありません。そこで、まずはメーカーのお客様相談センターにメールを書くことにしました。

「クレーマー」にならないために

「インターネットで商品を購入したが、写真と違うものが届いた」、「自宅の前にいつも自転車を置かれて困る」、「近所の小学生が騒いでいて勉強ができない」、「私が通う学校についての新聞記事には誤りがある」など、日々の生活のなかで「これは困った、なんとかしてほしい」「問題があるので改めるべきだ」と、苦情の一つも言いたくなることは多かれ少なかれ誰にでもあるでしょう。

近年「クレーマー」という言葉がよく使われます。「クレーマー」は和製英語で、もとになっている言葉は、「要求(する)、主張(する)」という意味の英語の「クレーム」(claim)です。ここから派生して日本では苦情のことをクレーム、苦情を言う人をクレーマーと呼ぶようになりました。はじめは「購入した商品に欠陥《けっかん》があった」などの理由で、販売先などに苦情を言う人のことをクレーマーと呼びましたが、徐々《じょじょ》に変化して、難癖《なんくせ》をつけるように苦情や抗議をする人のことを指すようにもなりました。

クレーマーはなぜ問題になるのでしょうか。商品をめぐる関係で見れば、一般に、消費者

（お客）に対してメーカー（製造元）や販売側（小売店《こうりてん》など）の立場は弱いものです。その上商品に問題ありということになれば、両者の立場の強弱ははっきりします。学校でも社会でも、立場の強弱がはっきりしている関係があります。先生と生徒、教授と学生、上司と部下などがそれです。

強い立場にある者が、もっともらしい正論をふりかざして立場の弱い者に厳しいことを言うとき、弱い立場にある者は「おかしいな」と思っても、立場上反論できず、「そうですね」と受容《じゅよう》せざるを得ない場合が多いのです。そして強者は、受容されたことで「やはり自分が正当だった」と勘違いしてしまうのです。

いわゆる「クレーマー」は、この立場の強さを利用して難癖をつけているともいえます。苦情や要求を伝えるときは、「クレーマー」のように立場を利用して相手に迫るのではなく、その内容によって相手を納得させるように心がけたいものです。

目的は問題を解決すること

苦情には一般に、誰か(何か)のせいで困ったことになっているという「事情の説明」と、問題が解決されるようなんとかしてほしいという「訴え」の二つの要素があります。そして、たいていそこには困っているという思いだけでなく怒りの感情がともないます。しかし、苦情を伝える目的は怒りをぶつけることではなく、問題が解決されるように訴え、それを実行してもらうことです。ここがむずかしいところです。

相手に苦情を訴えるとき、怒りや落胆《らくたん》の感情を如実《にょじつ》に表すと深刻度は伝わりますが、過剰《かじょう》だとかえって問題を混乱させることになります。感情を爆発させることで一時的に気分が晴れたとしても、激しい怒りをぶつけられれば相手も感情的になって話がこじれてしまう場合があります。また怒りすぎた後には、たいてい自分もいい気持ちはしないものです。ある程度怒りを伝えることは必要ですが、困っていることを伝え、共感や同情を誘うほうが効果的です。

また、問題となる事実（スマホが故障したなど）と、怒りの気持ちとを一緒にして言い表すと、訳がわからなくなります。「心得その五」を思い出してください。事実は事実として客観的に記すのが大切です。困った事態に対して憤《いきどお》りを感じるのは当然ですが、望むのは問題の解決だということを忘れないようにしましょう。

自分に落ち度はないか

同時にもう一つ注意したいのが、自分の側の問題です。スマホの故障であれば、どこかで落としたり衝撃を与えたことはなかったか、使い方が間違っていたのではないか、と思い返すことが大事です。また、商品の保証などについて確認をしたかということも振り返ってみるべきです。それを怠《おこた》って苦情を伝えて、あとで自分の側にも責任があることがわかったとき、振り上げた拳《こぶし》のもって行き場に困ることになります。

また、どちらに責任があるのかわからない場合もあります。苦情を言いたくなったら、冷静になって自分の側にも責任があるのではないかと、多少の疑いをもって対処するのがいいでしょう。

メールを書いてみよう

こうした点に注意して、翔太くんは苦情のメールを書いてみました。相手は顧客に対する専門の部署ですから、苦情や問い合わせには慣れているはずです。しかし、同時にかなりの数を取り扱っているでしょうから、問題について具体的かつ簡潔《かんけつ》に伝えることも心がけました。

件名「スマホの故障について」

▲▲株式会社お客様相談センター　ご担当者様

九月四日に御社のスマホ（機種名○○）を購入した者です。一カ月を過ぎたあたりから数日間メールの受信ができなくなりました。その後受信できるようになりましたが、完全に正常に戻ったのかわかりません。実は、受信できなかった間に重要なメールが送信されていたとあとでわかり、とても困りました。修理などについてどのように対処していただけるかお答えください。

以下に、購入についての情報、故障の状況、そして要望と質問を記します。要望と質問について早急にご返事をお願いします。ご返事はメールでも電話でもかまいません。万一電話に出られない場合は、留守電を入れておいていただければ折り返し電話します。なお、購入してからスマホを落としたりしたことはなく、ふつうの使い方をしていました。

●購入についての情報

九月四日、□□電気××店にて、スマホ（機種名○○、品番……）を購入

●故障の状況

①一〇月はじめころから数日間、メールが受信できていなかった。特定の個人や機

種からのメールだけではなく、すべてのメールが受信できなかった。
②現在は受信できているようだが、すべて受信できているかどうかは確認できない。
③送信については、これまでのところ問題はなかった。

●要望と質問
①早急にスマホの点検か交換をしてほしい。
②点検、交換の際に費用が発生するか。発生するとすればその金額と理由。

店舗で勧められ自分でも気に入って購入したので、できればこれからもこの機種を継続して使いたいと思っています。日常生活ではスマホが欠かせませんので、早く解決したいと思います。繰り返しになりますが至急回答をお願いします。

▲▲翔太

E-Mail：shouta@email.adress　電話090-1111-111×

この苦情の文書がどのような流れになっているかを整理してみましょう。まず、故障の概要が述べられています。そのなかで、スマホが故障し、損害を受けたことについて怒りの感情を匂わせつつ、スマホが安心して使えないと困るということを、相手の共感を誘うように訴えています。故障の内容と保証についての要望・質問は別に具体的に記しています。

最後に、気に入っているので今後とも使いたいと伝えることで、より相手の共感を得られることを期待し、相手からの連絡ができるだけスムーズかつ確実に届くように配慮《はいりょ》しています。

回答は二日後に届き、最寄りのショップで点検の受け付けをしてくれることになりました。その間は代わりのスマホを貸してもらえることになり、一時はどうなるかと心配した翔太くんもこれでひと安心です。

ケース　2

「苦情」のまとめ

・目的は問題を解決すること
・怒りをまきちらすのではなく、冷静に事実を伝える
・同情や共感を誘うのも効果的
・自分に落ち度がないかも確認する

ケース３

謝罪・お詫び
図書館の本をなくしちゃった

大学四年生の海斗《かいと》さんは、卒業論文の執筆のため、都内の区立図書館で本を借りました。家から区立図書館までは、ＪＲに乗って行きました。数冊の本を借りたのですが、そのうち一冊はサイズが大きかったため、鞄《かばん》には入れずに網棚に載せました。

その日は日頃の疲れもあって、電車のなかでつい眠ってしまい、気がつくと最寄り駅です。慌てて下車し帰宅しました。家についてまもなく、網棚に本を忘れてきたことに気がつきました。すぐにＪＲに問い合わせましたが、本は見つかりません。借りた本のシリーズは絶版になっている、ということを知っていた海斗さんは真っ青になりました。

その後もＪＲに問い合わせたり、近くの交番へ届け出たりしたのですが、一〇日経っても見つかりません。返却期限もあり、海斗さんは弁償するしかないと思い、古本屋へ問い合わせを始めました。そして、区立図書館へお詫びの手紙を書くことにしました。

謝罪によって問題は広がりも収まりもする

過って他人に迷惑をかけたり損害を与えたりすることは、誰にでも経験のあることです。ことと次第によっては取り返しのつかない場合もあります。金銭的な損害なら弁償したりすることもあるでしょうが、その前に最低限すべきなのは謝罪です。

「謝って済むなら警察はいらない」などと、昔から単なる謝罪には意味がないといわれることもありますが、決してそんなことはなく、謝罪の有無、あるいは謝罪の仕方によって問題が解決に向かうのか広がるのかが決まるといっても過言ではありません。

ビジネス上のやりとりでも謝罪しなくてはいけない場面は数多くあります。金融機関のATM（現金自動支払機）の機能が支障をきたしたり、大手の飲食店チェーンが産地を偽装した食品を販売したことが発覚したりして、関係する企業が謝罪をするのを、メディアを通して私たちはよく目にします。

企業の危機管理に長年携《たずさ》わったビジネスマンによれば、こうした謝罪の仕方・内容には次のようなパターンがあるそうです。あとのケースほど優れています。

①間違いや失敗の事実を伝えて謝罪する。
②間違いや失敗の事実を伝えて謝罪。原因について調査し、責任の所在を明らかにする。
③間違いや失敗の事実を伝えて謝罪。原因を調査し報告(公開)。責任の所在を明らかにした上で、対応策や再発防止策を広く伝える。

何か過ちを犯したり他人に迷惑をかけてしまった場合は、できるだけ早く謝罪する。そのとき言い訳がましいことは言わない。そして、その原因について、どうしてそのような事態になってしまったのかを説明する。さらに、補償をするなど具体的な対応策をとれるようなものであれば、その点を誠意をもって知らせる。以上のことがポイントになるようです。

速やかな対応がポイント

他人に迷惑をかけたときどのように謝ったらいいか、あれこれ考えすぎて対応を遅らせてしまう場合があります。仮にあなたが謝罪をしなくてはならなくなって、どのように理解してもらおうかなど真剣に考えているとします。しかし、あなたの苦渋《くじゅう》に満ちた真剣な様子は相手にはまったく伝わりません。相手はただ、なぜ何も言ってこないのだろうか、謝罪がないのだろうかと不信感を募《つの》らせるだけです。

預かっていた個人情報を外部に漏らしてしまったなど、何か次善《じぜん》の対応策を講じなければいけないときは、その対応策を考えた上でないと謝罪の連絡をしにくいという面はあります。しかし、その事実が別のところから謝る相手に伝わってしまったら、事実を隠していたと受け取られかねません。早急な対応策を検討していることを示した上で、とにかく事実を伝え謝罪することです。

言い訳がましい表現は禁物

謝罪の原因について事情を説明するとき、ついつい言い訳がましくなってしまうことがあります。これは要注意です。単純な例を挙げれば、大事な会合に遅れてしまい出席者に迷惑をかけたとします。よほどのっぴきならない事情ならともかく、電車の遅れや急な来客などは単なる言い訳にしかなりません。

原因を明確に説明することと言い訳は別です。表現のちょっとした違いで、印象は大きく異なります。「落雷で電車が遅れてしまったため乗り換えがうまくいかず、タクシーもなかなかつかまらなかったので遅れてしまいました。申し訳ありません」というと、「遅刻は落雷のせいです」という言い訳がましい印象になります。聞いている方は、「事情はそうかもしれないけれど、大事な会議だったら余裕をもって来るのはあたりまえだろう」と思うかもしれません。

しかし、「遅れてしまい申し訳ありません。落雷で電車が遅れて乗り換えが間に合いませんでした。余裕をもって来なかった私の責任です」と自分の責任であることも強調して簡潔《かんけつ》に言うと印象は違います。

文章にする場合でも同じです。言い訳のなかでも客観的な事実として事故にあったとか、病気であったとかなら許容されることはありますが、それ以外に「大切だとわかっていたのでずっと気にしていたのですが」とか「自分としては一生懸命やって期限に間に合うつもりだったのですが」など、情緒的に訴えるのはさらなる言い訳にしか聞こえないときがあります。

泣き言と強弁は最悪

最も歓迎できないのは、表面上は謝罪の形をとっていても、実際は単なる自己弁護になってしまうケースです。例えば、数カ月働いていたアルバイト先のレストランから「店内改装のためいったん辞めてほしい。しかし三カ月後には時給を一〇〇円アップして、もう一度雇《やと》います」という連絡を受けました。しかし、三カ月たっても連絡がないので、問い合わせをしてみたら次のような回答が来ました。

▲▲様

お尋ねの件について、こちらから連絡しなければいけないと思っていましたが、遅くなりすみません。実は、改装後に店の都合で人員を減らすことになりました。効率よく店を回転させるため、長時間勤務してくれる人を優先することになり、▲▲さんは曜日も時間も限られていましたし、まだ経験も浅いので今回はお断りさせてください。

もともと、××さんの紹介でどうしても働かせてほしいということで、人数が間に合っていたところで働いていただいたということでご理解ください。

店長　△△

謝罪する自分の側に問題があるのに、「もともとの原因はあなたの方にもあります」と匂わせ、自分の行為を正当化する言い方です。相対的に立場の強い者が弱い者に対してこうした言い方をする傾向があります。尊大な言い方であり、印象が悪いのはいうまでもありません。

これでは、相手がもっと腹を立て、問題が大きくなってもおかしくありません。人間関係を大切にしようという考えに立つならば、このような言い方は絶対に避けるべきです。正直に予定変更の理由を話し、素直に謝罪するのが適切です。少なくとも、自分がこのような立場で謝罪をするときは気をつけたいものです。

手紙を書いてみよう

以上のようなことに注意して、海斗さんは謝罪の手紙を書きました。

▲▲区立図書館　御中

日ごろ図書館を利用している××海斗と申します。七月四日にそちらの図書館で「世界〇〇全集、第九巻」(◇◇出版)を借りましたが、同日の帰りの山手線の車内で紛失してしまいました。区民の財産である本を失くしてしまい大変申し訳ありません。

ＪＲ東日本へは紛失届を提出し、警察へも届けを出しました。まもなく返却日の七月一八日を迎えますが、現在のところ見つかっておりません。

責任はすべて私にあります。今後見つかる可能性も低いと思われますので、なんらかの方法で弁償させてください。ただし、紛失した本はすでに絶版となっており新品を探すのは困難です。現在古本屋にあたって探しています。

今後どのような方法で弁償したらいいのか、教えていただけますでしょうか。よろしくお願いいたします。

××海斗

七月一五日

電話：０９０-２２２２-２２２×　Eメール：kaito@email.adress
図書館利用者カード番号　０１２３４５

まずは、本を紛失した事実を、借りた図書についての基本的な情報（書名、貸出日）とともに伝え、図書館の本という区民の共有財産を失くしたことに対してしっかり謝罪をします。

次に、探した事実と関係機関への紛失届の提出を報告し、探す手段を尽くしたことを図書館に納得してもらいます。

また、失くしたことの責任はすべて借り手にあることを明らかにして、借り手として何らかの形で弁償をしたいと申し出ます。単に図書館の判断に任せるのではなく、まず利用者として同じ本を購入する努力をしたことを告げます。利用者が借りた本を失くしたときに、図書館がどのような方針(対策)をとっているのかはわかりませんでしたが、失くした本を他の利用者が読むことができなくなる可能性を考えれば、同じものを探してきて寄贈するのが一番いいだろうという判断にもとづいての行動です。こうしてできるだけの誠意を示したうえで、最後に図書館の判断を仰ぎます。

結局、図書館から、紛失した本に関連したテーマの別の本を買うように言われ、海斗さんはそれで弁償し、改めて謝罪の意を伝えました。今後、電車の網棚に大切なものを置くのはやめようと誓った海斗さんです。

ケース３
「謝罪・お詫び」のまとめ

- 謝罪すべきと思ったら、すぐに行動する（言葉に表す）
- 言い訳は禁物
- 自分を正当化するのはもってのほか
- ときには、原因や責任の所在、補償に触れる必要も

ケース
4

返礼・お礼
受験のときに泊めてもらった

東京に住む高校三年生の琴音《ことね》さんは、京都にある大学を受験することになりました。試験は数日に渡って行われるので、大学近くのホテルを探す予定でした。しかし、琴音さんのお父さんの知人で、京都在住の浅田さん夫妻がそのことを知って、「わが家に泊まって受験したらどうですか」と言ってくれました。琴音さんも浅田さんのことは小さいころから知っていました。

受験勉強のなか、ホテルを探すだけでも大変だと思っていましたし、経済的な負担も大きいことを考えると、浅田さんご夫妻の申し出は、大助かりでした。

琴音さんは、昔から親しくしている方のお宅で過ごせたことで、安心して試験に臨むことができました。結果は無事合格。浅田さん夫妻にはすぐに電話で報告をしましたが、改めて手紙でもお礼の気持ちを伝えることにしました。

タイミングが大事

「困ったときに助けてもらった」、「大事なことを教えてもらった」、「お祝いの品をいただいた」など、人から親切にしてもらったり好意を受けたりすることがあります。こういうときは、喜びや安堵《あんど》の気持ちに浸っているだけでなく、即座に感謝の気持ちを伝えたいものです。

謝罪や詫び状と同じように、お礼の言葉もタイミングが肝心です。とくにもしあなたが何かを誰かに頼んで、相手がそれに応《こた》えてくれたような場合や、卒業祝い、合格祝い、就職祝いなど、人生の節目《ふしめ》を祝ってもらったときには、お礼が遅くなってはせっかくの感謝の気持ちも伝わらないことがあります。

あなたとしてはどのように感謝の気持ちを表したらいいのか、何か特別なことをしなくてはいけないのだろうかなど、じっくり考えてから一番いい方法で感謝の意を表そうと思うかもしれません。しかし謝罪のときと同じで、いくら相手のことを考えて時間を費やしたつもりでも、相手にはあなたの心の動きはわかりません、ただ反応が遅いことがわかるだけです。

相手はお礼をされるようなことをしたとは思っていないかもしれません。しかし、やはりお礼を言われればうれしいのが人情ですし、あなたに対する評価もお礼があるとないとでは変わるでしょう。いかに忙しいときであっても、まずは時機を逃さずお礼状を書くのが礼儀です。

体調を崩してしまったとか、どうしても事情があって遅れてしまった場合は仕方ありません。ただしお礼に際しては、「すぐにお礼を申し上げるべきでしたが、急に体調を崩し入院することになってしまい、お礼の言葉が遅れてしまったこと、心よりお詫びいたします」などと付け加えるといいでしょう。もしお礼が遅くなってしまったとしても、お礼を言わないよりは言う方がずっとよいのですから、必ずお礼は伝えるようにしましょう。

いくらか長く人生経験を積んだ者としてアドバイスするならば、ある人との関係は一度きりではなく、時と場所をかえてつづくことがしばしばです。一つひとつ丁寧な関係をつくっておくことは、仕事をする上でも個人的なおつきあいにおいても大切でしょう。

知っておくと便利な表現

実際にお礼状を書くとき、どのようなスタイルで気持ちを表したらいいでしょうか。相手がかなり目上の人で上下関係がはっきりしているのであれば、「心得その三」で紹介したように、正式な手紙の形式にのっとって、時候《じこう》のあいさつからはじめ、敬語に気をつけて書く方が無難《ぶなん》です。こうしたスタイルは「手紙の書き方」といったガイド本にたくさんでていますので、参考にしてください。

このほかの場合は、形式にこだわらず、自分の感謝の気持ちを素直に丁寧な言葉で表すようにします。まずはお礼の言葉を述べます。

例えば財布を拾ってもらったのであれば、「先日は私の失くした財布を拾って届けていただき、ありがとうございます」とすればよいでしょう。

そのあとで、「おかげさまで」あるいは「〜していただいたおかげで」とつないで、「〜しました」、「〜できました」と、結ぶ言い方がよく使われます。「お金のほかに大切なカード類も入っており、一時はどうしようかと落ち込んでいましたが、▲▲様が届けてくださったおかげで、すべて手元に戻り、本当に助かりました」などとなります。

してもらったことが今後の自分の生活や仕事などにかかわってくるのであれば、「今後は、〜していただいたことを忘れずに」とか「〜していただいたことを糧《かて》として努力してまいります」といった前向きな姿勢を示す言葉を添える言い方もあります。

また、失敗や過失を補ってくれたり自分の窮地《きゅうち》を救ってくれたりしたことに対しては、同じく今後の姿勢として、例えば財布を拾ってもらった例なら「これからは大事なものの扱いにもっと気をつけるようにいたします」などと加えるのもいいでしょう。

さらに、感謝の言葉と同時に、その印として将来何か相手の役に立ちたいという気持ちがあるならば、それを示してはどうでしょう。「今後もし○○などの件で、私でお役に立つことがあれば、微力ながらお力になりたいと思います」と、言うことができます。あるいは、お礼の品を同封することもありますので、「ささやかではございますが、感謝の気持ちとして粗品を同封しました。お口に合うかわかりませんが、ご賞味いただければ幸いです」などとそのことに触れます。

要点を整理してみると次のようになります。

①感謝の言葉を述べる
②どのような恩恵を受けたかを述べる
③今後のことについて、自分の姿勢を示す
④お礼の品や返礼の意思があればそのことを伝える

なお、これらは、あくまで参考として並べたものです。状況に応じて、不要と思われる部分は省略しましょう。

相手の厚意はありがたいものの、それを受け入れられないケースもあるでしょう。その場合は、厚意に対するお礼を述べつつしっかり断ることが大切です。相手は良かれと思って、あなたの都合も考えずに就職相談に乗ってくれる先輩との会合を設定してしまったようなとき、「お気持ちは大変うれしいのですが」と断って、「今回は~することができません」とはっきり伝えましょう。もし相手の心証が気になるのであれば、「私の方から事前に、都合を連絡しておけばよかったと反省しています」と、自分にも非があることを示し納得してもらうようにします。

お礼状を書いてみよう

大学に合格した琴音さんは、横書きの便箋《びんせん》で次のような手紙を書きました。

浅田○夫様

△子様

先日は、大変お世話になりました。三日間も泊めていただいたうえ、食事までごちそうしていただき、ありがとうございます。いろいろとお気遣いいただいたおかげで、体調も万全のなか受験にのぞむことができました。

また、電話でお話ししましたように、無事〇〇大学に合格しました。第一志望の大学でもあり、喜びもひとしおです。これも浅田様はじめ周囲の方々のご厚意のおかげと感謝しております。

三月末には京都に参《まい》りますので、そのとき改めてお礼かたがたご挨拶にうかがいます。春からはいまの喜びと意欲を忘れないように大学生活に打ち込むつもりです。浅田様もこちらに来られるようなことがありましたら、ぜひわが家にお立ち寄りください。

まだまだ寒い日がつづきます。くれぐれもお体に気をつけてお過ごしください。

二〇一五年三月二〇日　▲▲琴音

このお礼状では、浅田さん夫婦から受けた親切への感謝と、そのおかげもあって合格できたことの喜びを、あわせて伝えています。また、社会人としての大先輩である浅田さん夫婦に、これからの学生生活への意欲を述べています。最後に返礼の意味も含めて、自分の家にも立ち寄ってくださいと、相手に対する思いやりを示しています。大人ならばお礼の意味をこめて何かお菓子でも贈るのかもしれませんが、まだ学生になろうという若さならこれでいいのではないでしょうか。

なお、縦書きの手紙を書く場合でより正式な形にしたいときは、宛名は最後(自分の名前よりもあと)にもってくるのがよいでしょう。

浅田さん夫妻は、琴音さんからの手紙を受け取り、改めて琴音さんの合格をわがことのように喜びました。入学式の日、琴音さんは両親と一緒に、浅田さん宅を訪ねました。これからはじまる京都での新生活を前に、今後ともよろしくお願いしますと頭を下げました。

ケース　４
「返礼・お礼」のまとめ

- 感謝の気持ちは、すぐに伝える
- 形式にこだわらず、素直に気持ちを表す
- 相手のことを思いやる言葉を添える

ケース5

依頼・呼びかけ

職業体験の受け入れをお願いする

大樹《だいき》くんは高校一年生です。大樹くんの学校では、一年生の秋に職業体験をすることになっています。体験してみたい仕事を見つけ、自分でその依頼文を書くことから課題は始まります。

いったい自分はどんな仕事をしたいんだろう。大樹くんはこの機会に真剣に進路を考えたいと思いました。しかし答えはでません。好きなものと言えばサッカーだけど、サッカー選手にはなれそうもないし……。

そこで大樹くんはふと思い出しました。中学二年生のときのことです。サッカーで転んで骨折してしまった大樹くんは、回復が遅く、もう二度とサッカーをすることはできないかもしれないと落ち込みました。しかし、お父さんがリハビリで有名な病院を見つけてくれて、理学療法士《りがくりょうほうし》の人と一緒にリハビリに励《はげ》んだところ、無事回復して、いまではまた部活でサッカーができるようになったのです。

僕も、そんなふうにスポーツをする人や体の不自由な人を支える仕事ができないだろうか……。大樹くんは、病院のリハビリセンターで職業体験ができないか、依頼してみることにしました。とはいえ、病院というのはなんだか敷居《しきい》が高そうです。どうしたら受け入れてもらえるでしょうか。

簡潔さ、熱意、丁寧さのバランス

人に何かを頼んで実行に移してもらうというのはむずかしいものです。しかし、それでもお金をもらえるとか、それをすると名誉になるといった「動機づけ」があれば少し違います。こうした「人の意欲をかき立て、やる気にさせる刺激」のことを、英語で「インセンティブ」(incentive)といい、ビジネス界やスポーツ界などでよく使われます。

お金を払うことはできなくても、何か少しでも相手にインセンティブを与えられれば、依頼に応《こた》えてもらえる確率は高くなるでしょう。人に何かを依頼する場合に、書き方によって与えられるインセンティブ、つまり「応えてもいいかな」と思わせる要素は、三つ考えられます。文書を簡潔《かんけつ》に読みやすくすること、熱意を伝えること、そしてお願いする立場としての誠意ある丁寧な姿勢を示すことです。依頼文ではこのバランスが大切です。

例えば街頭《がいとう》アンケートなど、不特定多数の人にアンケートに答えてもらうような場合は、熱意よりも簡潔さが大切です。趣旨《しゅし》が長々とつづいてなかなか質問が始まらなかったり、質問が長くわかりづらかったりしたら、答える気をなくしてしまうでしょう。回答方法がぱっと見てわかるなど、「それなら答えてもいいかな」と思われるような工夫が必要です。

同じアンケートでも、社内向けや市民向けアンケートなど、依頼する内容についてある程度関係のある人に向けたものの場合は、熱意や親しみを込めた依頼文を丁寧に書くことで回答率を上げることができるでしょう。例えば、次のようなメールはどうでしょうか。

件名「アンケート協力のお願い」

職員各位

いつもお世話になっております。わが社のホームページについてのアンケートのお願いです。実際にホームページをご覧いただき、添付《てんぷ》ファイルのアンケートにご記入のうえ、六月二九日までにご返信ください。

このホームページは、総務課が管理しておりますが、その活用が不十分な状況です。是非《ぜひ》ご意見をお寄せいただき、ホームページの向上に生かしていきたいと思います。

よろしくお願いいします。

総務課▲▲

簡潔ではありますが、同僚に向けたものとはいえ、少々素っ気なく、事務的すぎる感じがします。仲間内とはいえ、もう少し丁寧にして、ホームページ改善の趣旨を説明した方がいいのではないでしょうか。また、アンケートに答える手間をとってもらうわけですから、「お願いする立場」であることを表す必要があります。

例えば、このような案内はどうでしょう。

暑い夏がまたやって来ますが、みなさまお変わりないでしょうか。

さて、本日は、わが社のホームページに関する社内アンケートへのご協力のお願いです。ホームページは、いまや組織の「顔」とも言われますが、わが社のホームページがあまり活用されていないという意見が内外から寄せられています。そこでホームページを改善するために、みなさまのご意見をぜひ聞かせていただきたいと思います。改善によって会社全体のイメージアップを図り、さらに社内の意識の統一にもつながればと考えています。

つきましては、添付のファイルでアンケートをお送りしましたので、ご記入のうえ六月二九日までに総務課までご返送ください。日ごろの業務に加えて手間をおかけしますが、ご協力のほどよろしくお願いします。

この依頼文では、同僚に対するあいさつからはじめて、すぐに本題に入ります。そして、ホームページがいかに組織にとって重要かを簡単に示すことで、改善のためのアンケートに回答することについてのインセンティブを与えようとしています。最後は時間と手間をかけて協力してもらうことへの気遣いの言葉を添え、改めて丁寧にお願いする気持ちを表しました。簡潔でありつつ、熱意や丁寧さのこもったメールになりました。

わかりにくさは厳禁

相手に何かをしてもらおうとするならば、とくにまず相手のことを考えることが重要です。Iで学んだ心得を思い出してみましょう。

次の文章は、ある市役所の広報紙に掲載された「『ＮＰＯ等と行政の協働に向けた意見交換会』の参加団体を募集します」という記事の書き出しの部分です。一般市民に参加を促《うなが》す内容ですが、見るからにむずかしそうです。

「ＮＰＯ等と行政の協働に向けた意見交換会」は、市民活動団体・事業者・営利を目的としない法人（以下、ＮＰＯ等）が、対等な立場で市のさまざまな課題を共有し、それぞれの立場でできることなど、アイデアを持ち寄りながら、課題解決に向けて話し合う場です。(…)意見交換会は、課題の共有や相互理解を深めるとともに、NPO等と市が協働することにより、効果的な課題解決ができる事業の具体的な企画案を提案前に話し合うことで、より実現の可能性が高い提案に結びつけることも目的としています。(…)

(広報ちがさき　平成二五年(二〇一三年)六月一日号)

最初の一文は、長く複雑です。「一般市民」というより、市民のなかでもかなり専門的な知識や関心をもっている人でないとわからないような印象です。中略のあとの文も長く、表現があいまいで、説明も不十分に感じられます。

わかりにくい原因の一つは、説明すべきことを一度にまとめて言おうとして、一文が長くなっていることです。「心得その三」で学んだように、一般に文を接続詞でつないで長くすると、意味がとりづらくなります。

また、もう一つの原因は、実はそれほどむずかしくもないことを、難解で堅苦しい言葉を使って説明していることです。とくに役所の文書によく見られる例です。しかし、相手に理解してもらうことよりも、格調《かくちょう》高く見せることばかり考えてしまい、つい必要以上にむずかしい言葉を使ってしまう経験は、誰にでもあるのではないでしょうか。そうした文章は、見方を変えれば、自分の満足のために書いているようなものです。

本当に読み手のことを考えて、何かを呼びかけたり依頼したりするならば、もっと違った書き方になるはずです。この場合、読み手は一般市民です。市民にはいろいろな人がいますから、誰にとってもわかりやすい文章にすることを心がけたいものです。また、この文書の目的は「意見交換会に参加する団体を募《つの》ること」です。どのように呼びかければ関心を示してもらえるかをまず考えて、それを形にしたらどうでしょう。やはり、簡潔さと熱意、そして丁寧さのバランスが大切なのです。例えば、次のような見出しと書き出しはどうでしょうか。

行政との意見交換会への参加団体を募集

市にはさまざまな課題があります。ゴミ処理、交通渋滞、公園の使い方……。こうした課題は、市役所だけでは解決できません。市民団体などのみなさんと協力して、知恵を出し合い一緒に解決していくことが必要です。
そのために、行政と市民団体・NPOなどとの意見交換会を、今年度も開きます。ぜひご参加の上、ご意見・ご提案をお聞かせ下さい。一緒に課題解決のための事業を進めていきませんか。(…)

細かい説明はあとで記すことにして、まずは趣旨を平易に説明し、興味をもって参加してもらえるように呼びかける形にしました。

手紙を書いてみよう

さて、冒頭の大樹くんは、どのような依頼状を書いたでしょうか。

職業体験受け入れのお願い
○○総合病院リハビリテーションセンター　ご担当者様

はじめまして、私は、県立××高校一年の▲▲大樹と申します。私たちの学校では、毎年社会学習の一環として職業体験を行っています。本日は、ぜひ私に、そちらで一日職業体験をさせていただけないかと思い、お手紙を差し上げました。

本校では、毎年一〇月に一年生が、市内の企業や小売店《こうりてん》などにお願いして、一日職場で指導を受けながら実際の仕事を体験しています。仕事について肌で感じながら学び、将来の進路の参考にすることが目的です。私たちは体験してみたい仕事や職場を探し、直接自分たちでお願いをすることになっています。

私は、中学生のときにサッカーで骨折をし、その後理学療法士の方たちの助けもあって、無事回復することができた経験から、運動機能を回復させるリハビリにかかわる仕事に興味をもちました。また、超高齢社会のなかでますますリハビリを必要とするお年寄りが増えるだろうということを知り、そうした点からもやりがいのある仕事であると感じました。そちらは、市内の病院のなかでももっともリハビリに力を入れていると聞き、ぜひとも一日体験をさせていただきたく思います。

日時は一〇月中の平日であればいつでも結構です。時間は午前中から夕方までを希望しますが、そちらのご都合にあわせるようにいたします。なお、職場体験中は万一の事故などに備えて保険がかけられることになっています。その他事務的な詳細については、学校が用意した別紙にまとめてあります。同封しましたので、御覧下さい。お忙しいところすみませんが、受け入れていただけるかどうかご検討の上、九月一日までにご返事いただけますでしょうか。ご返事は電話、ファックス、メール、手紙などどれでも結構です。以下に連絡先を記します。もし受け入れていただけるようでしたら、一生懸命がんばりたいと思います。ご検討のほどよろしくお願いします。

▲▲大樹

二〇一五年七月二九日

〇〇県立××高等学校一年五組

連絡先：〇〇県立××高等学校　××市△△町一二三

電話：01-2345-678×　ファックス：01-2345-678◎

メールアドレス：daiki@mail.adress

この文書では、はじめに自己紹介と用件を述べ、そのあと趣旨と自分の熱意を伝えています。そして、検討してもらうために必要な細かい情報は、あとでまとめています。

相手は社会人であり見知らぬ人なので、丁寧な言葉遣いをするようにしました。まったく仕事のことを知らない高校生の自分の面倒を見るというのは、きっと大きな負担だろうということを考えて、できるだけ心を込めて書きました。

また、仕事で忙しいなか読んでもらうことを考えると、もしわかりにくくて何度も問い合わせが必要になったりすれば、相手に余計な手間をかけてしまいます。必要な情報はできるだけ簡潔に書くように心がけました。

大樹さんは無事、この病院での職業体験を受け入れてもらえることになりました。やってみると、患者の立場ではまったく気がつかなかったたくさんの配慮《はいりょ》があることを知りました。体力的にも精神的にもとても大変な仕事だとわかったので、目指すのであればしっかりと志をもたなければいけないと思いました。忙しいなか親切に指導してくれた方々には、お礼状を送り、感謝の気持ちを伝えました。

ケース5

「依頼・呼びかけ」のまとめ

- 何かを頼むときは、とりわけ相手の立場で考える
- 簡潔さ、熱意、丁寧さのバランスが大切
- 相手に余計な手間をかけないように、必要な情報を伝える

ケース
6

伝　言

おじいさんのペンションで電話番を頼まれた

高校生の岩波香帆《かほ》さんは、夏休みにおじいさんの経営するペンションでアルバイトをすることになりました。去年の夏と冬につづいて三回目です。配膳や掃除の手伝いがメインですが、おじいさんはだいぶ慣れてきた香帆さんの様子を見て、もう少し接客も任せてみることにしました。

ある日のこと、おじいさんが用事で出かけ、ほかの従業員も午後からの出勤だったので、香帆さんは午前中だけ留守番をすることになりました。そこへ一本の電話がかかってきます。電話の対応については、おじいさんから教えてもらっていましたが、香帆さんは上手にできるでしょうか。そして、おじいさんへうまく伝言のメモが残せるでしょうか。

伝言のむずかしさ

「伝言ゲーム」というのを知っているでしょうか。グループごとに何人かで一列に並び、端《はし》にいる人がある言葉を隣の人に伝え、その人はまた隣の人に同じ言葉を伝えてゆきます。そうして、最後の人までいかに早く正確に伝えるかを競うゲームです。おもしろいのは、一番最後の人が聞いた内容は、最初の人が発したものと、結構違ったものになってしまうところです。

ゲームだけではなく、ふつうの伝言もまた、正しく伝わらないことがあります。「明日のお弁当はいらないってお母さんに言っておいて」というような、家庭内での簡単な伝言でも、間違うとケンカになったりします。まして、仕事上の伝言では、ちょっとした間違いが大変な事態を引き起こしかねません。とくに、約束の日時や何かの金額などの間違いは重大です。

正しく伝言が伝わらないと、伝言を受けた人は、間違った対応をしたり、伝言を依頼した人に直接確認しなければならなかったりします。当然、伝言を依頼した人からすると「しっかりと聞いておいてくださいよ」と不満に思います。

私が以前、販売中のある中古マンションについて不動産屋に電話で問い合わせをしたときのことです。電話に出たスタッフに、「どの物件について、どのようなご質問ですか」と尋ねられたので説明したところ、「では、担当が外出中なのであとで折り返し連絡させます」と言われました。ところがしばらくしてかかってきた電話で、その担当者は「どのようなことでしょうか」と聞いてきたのです。最初に電話を受けた人からなんの伝言も受けていないようで、結局また一から話をすることになりました。

似たような経験をした人はいるのではないでしょうか。伝言を受けていながら伝えないのは、面倒だからか、それとも間違って伝わることを心配するからなのか、あるいはただとりあえず話を聞いてみたのか。いずれにしても、わざわざ問い合わせてきた相手のことを考えているとは思えません。信頼を失いかねないので、受けたことは正しく伝えるよう心がけたほうが賢明です。

伝言を依頼する側になったとき

この章では、伝言を受けてメモにするうえでの注意点を考えます。たとえわかりにくい伝言であっても簡潔《かんけつ》に伝えられるようになりたいものです。しかしもちろん、伝言する側が上手に話してくれればそれに越したことはありません。そこで、まず、伝言する側になった場合の心構えを先に確認しておきます。ここでは、電話口での伝言を想定してお話しします。

伝言を依頼する場合も、大事なのはまず伝言を聞く相手について考えることです。どの程度の情報を共有していて、どの程度のことなら確かに伝えてくれそうかを推測します。ただし、本当に大切なことであれば、なるべく伝言などせずに直接伝えるようにするべきです。

次に相手に対して、伝言を書き留めるようお願いします。「それでは伝言をお願いしたいのですが、メモのご用意はよろしいでしょうか？」などと言えばよいでしょう。そして、相手の用意ができたところで内容に入ります。

伝言ゲームでもそうであるように、言葉が長くなると不正確に伝わる可能性が高くなるので、重要なことだけをまとめます。その際、文書作りと同じで、いくつかの要素に分かれてしまうのならば、「三点お伝え願えますでしょうか」などのように数を示してわかりやすくします。

また、伝える内容はできるだけ「書くように話す」よう心がけます。「～してほしいという感じです」といった話し言葉は、内容があいまいになるので避けます。

そして、伝言が完了して相手がメモを終えたら、メモの内容を読み上げてもらいます。そして正しく伝わっているかを確認します。また、メールと違って口頭での伝言は記録が残らないので、いつ、誰に何を伝えたかを、自分でもメモして控《ひか》えておくことです。のちに伝わったかどうかあいまいになったときに確認できます。

受けた伝言は必ず確認

いま説明したように、伝言を伝える側が配慮《はいりょ》してくれればよいのですが、そうでない場合もかなりあります。そのときは受ける側がその分注意しなくてはいけません。では、どのような注意が必要でしょうか。伝言を受ける側の心構えについてお話しします。

まず、電話であればすぐにメモの用意をします。私は記者になったばかりのとき、「電話に出るときは筆記用具をもって出ろ」と言われました。受話器をとってからペンを出すのではなく、ペンと紙を用意しながら受話器をとれば、すぐに対応できるからです。新聞社には事件に関わることなど貴重な情報が寄せられることがあります。もし、「ちょっと待ってください」と言ってメモ用紙を取りに行っている間に相手の気が変わって電話を切られてしまったら、二度とその情報は寄せられないかもしれません。

そこまで神経質になる必要はないでしょうが、かかってきた電話には、常にメモをとる態勢で出るようにしたいところです。伝言が必要なのは、たいてい直接話をしたい相手が不在だった場合です。相手は、最初から不在を予測しているわけではありませんから、どうしようかと迷って、伝言とも言えない言葉を話しはじめることもあります。「伝言があればお伝えしましょうか」とやさしく早めに尋ねたほうがいいでしょう。

メモをとるときは、相手の言葉を簡潔にまとめます。相手が「私は、明日の午前六時半に、高速バスで到着する予定です」と言った場合、誰が到着するかは明らかですし、丁寧な言葉をそのまま書く必要はありませんから、「明日午前六時半高速バスで到着予定」と書けば十分です。ただし、相手が、話した言葉のままを伝えてほしい、あるいは受けた側が聞いたままを伝えたほうがいいと感じた場合は、その言葉のとおり「大変申し訳ないことをしました。

改めてお詫びに伺《うかが》います」などと正確にメモします。

相手の言葉が速すぎて聞き取れなかったり、内容がよくわからなかったりしたら、その時点で「すみません」と断って、もう一度聞くか内容を確認するようにします。伝言が終わったら、相手の名前と、所属する学校や会社があればその名称を再確認し、連絡先の電話番号などを聞いておきます。最後に、「では、伝言を確認するため読み上げます」と言って、メモした内容を読み上げ、内容があっているかを相手に確認してもらいます。

電話を終えたら、今度はその伝言を伝える相手に向けて、メモを清書します。せっかく一生懸命メモをとっても、うまく整理して正しく伝えられなければ意味がありません。まず、何より大事なのは、基本的事項、つまり「いつ」、「誰から」、「誰に宛てて」、「何の用で」伝言があったのかということです。そしてもう一つ、忘れてならないのは、「伝言を受けた自分の名前」を書くことです。受けた人が太郎なら、受けた日時と合わせて、「五日午後二時半、太郎受け」などと、最後に記すとわかりやすくなります。

伝言の内容は、短く文を区切り、要点を並べます。また、緊急な場合や重要な用件は、伝言メモの一番上に「緊急」とか「重要」と大きく記します。重要な言葉をそのまま伝える場合は、「　」でくくって書きます。内容が長くなった場合は、「見出し」をつけてあげると、読む人にとっては要点がわかりやすく便利です。例えば、こんなふうに書きます。家族間での伝言です。


緊急！

大阪のおばさんからお母さんに電話。おじさんが骨折して入院。一月ほど入院の予定。来月の旅行はキャンセルしたい。「せっかく楽しみにしていたのに、ごめんなさい」。今夜九時過ぎにまた電話する。

一三日午後三時一五分、明日香《あすか》受け。

香帆さんのチャレンジ

さて、おじいさんに電話番を頼まれた香帆さんは、どのように対応したのでしょうか。以下がそのやりとりです。

香帆：はい、ペンションロックウェーブです。
客：宿泊の予約をしていた下田といいます。予約の日にちを変更したいんですが。
香帆：すみませんが私はアルバイトの者で、いま予約についてわかる者がいません。伝言をお伺いして、のちほどこちらからお電話しますが、よろしいでしょうか。
客：そうですね、しょうがないですね。宿泊日時の変更ですが用意はいいですか。
香帆：ちょっとお待ちください、ただいまメモの用意をします。はいどうぞ。
客：今月一五日から二泊で二部屋予約をしていたんですが、できれば一四日から三部屋で三泊お願いしたいんです。人数も当初四人だったのを六人に変更したいので、可能かどうか確認したいと思いまして……。

香帆：はい、わかりました。一五日から四人で二部屋二泊の予約を、一四日から六人で三部屋三泊に変更希望ということですね。

客：はいそうです。

香帆：ほかに何かありませんでしょうか。

客：一つ忘れていました。もし日にちと人数の変更が可能だった場合ですが、一四日の夕食は四人だけで、二人は遅くなるので夕食はいりません。

香帆：はい、では確認のため変更の内容を繰り返します。お名前が下田様で、一五日から四人で二部屋二泊の予定を、一四日から六人で三部屋三泊、の予約に変更を希望。一四日の夕食は四人のみで、あとの二日は全員夕食がいるということでよろしいでしょうか。

客：はい、そうです。

香帆：下田様、こちらからご連絡する際の電話番号を教えていただけますでしょうか。

客：わかりました。090-1234-567×です。
香帆：ご都合のいい時間は何時ごろでしょうか。
客：夕方六時まででしたらいつでも結構です。それ以降は出られないかもしれないので、出ない場合は留守電に入れておいてください。
香帆：はい、わかりました。私はアルバイトの岩波と申します。店の責任者が戻り次第伝えますので、連絡をお待ちください。

このあと香帆さんは、自分が書いたメモを別の紙に清書して、伝言板に貼っておきました。

二日午後三時半、下田さまより電話あり。宿泊予約の内容を変更したい。一五日から四人二部屋二泊を、一四日から六人三部屋三泊に。ただし、一四日の夕食は四人分であとは六人分。可能かどうか夕方六時までに電話連絡をほしい。それ以降は出られない場合があるが留守電に。電話番号090-1234-567×。香帆香帆さんはおじいさんから教えられたようにうまく伝言できたようです。一つひとつ変更内容を確認していったことも、間違いを避けるのに効果的でした。もちろん、一番大切なのは変更内容（日にちなど）を絶対に間違えないことです。日時、金額、名前などの固有名詞の扱いはとくに注意すべきです。

香帆さんの伝言の内容はこれで十分ですが、メモの一番上に「タイトル」（見出し）を大きくつけておけば、おじいさんが見てすぐに内容を判断でき、緊急かどうかも見極めやすいでしょう。この場合は「宿泊の変更希望の電話あり、下田さま」としておいたらどうでしょうか。

伝言を見たおじいさんは、香帆さんの成長ぶりに目を細めました。「これで跡継ぎができたよ」なんて言っているのは、本気なのかどうか、香帆さんは苦笑いです。

ケース６
「伝言」のまとめ

- 伝言するときも受けるときも、必ず最後に内容の確認を
- 電話をとるときは常にメモをとる態勢で
- 聞き取れなかったときは、聞き直す
- 伝言のまとめは簡潔にし、いつ誰が受けたかも忘れずに

ケース7

報告

卒業生が講演にやってきた

さくらさんは高校二年生。生徒会の書記をしています。さくらさんの学校では、生徒会の企画で毎年卒業生を招き、仕事について講演をしてもらっています。進路選択の参考にするためです。今年は、音楽業界で働いている立浪さんという先輩を招くことになりました。

さくらさんは書記として、この講演を聞き、内容を報告書にまとめ、生徒会の活動記録に載せることになりました。講演というだけでなんだかむずかしそうなのに、うまくまとめられるのか自信がないさくらさんですが、書記としてなんとか責任を果たしたいと思っています。

いつも第三者に報告するつもりで聞く

みなさんは、他人の自己紹介をどれだけ真剣に聞いているでしょうか。例えば、二〇人がそれぞれ一分間の自己紹介をし終えたときに、はたしてどれくらいのことを覚えていますか。きっと、印象に残った数人のことしか思い出せないでしょう。

では、「自己紹介のあと、その中の一人について、どういう人かをまとめて報告してもらいます」と言われていたらどうでしょうか。きっと、メモをとりながら真剣に話を聞くでしょう。そして、ある程度のことを報告することができるはずです。

「そんなの、メモをとっているのだから当たり前じゃないか」と思われるかもしれません。しかし、それは記録があるかどうかというだけの話ではありません。報告を前提としてメモをとると、そもそも話を聞く姿勢から変わってきます。ただ漫然《まんぜん》と聞いているだけでは通りすぎてしまう情報にも気をとめるようになり、話の流れにも関心がいきます。自己紹介のような簡単なものではなく、講演や会議のような長い話であればなおさらです。

社会人になれば、いつどこで報告を求められるかわかりません。ですから、まず人の話を聞くときは、いつもそれを誰かに報告するつもりで聞くことが大切です。話を聞いて内容は理解できたが、いざ報告を書こうとしたらうまくいかなかった、というのは、誰かに伝えようと思って真剣に聞いていないからです。

いまは人の話を聞くとき、ICレコーダーで簡単に録音することができます。こうすれば正確に話を再現できます。しかし、記録としてとっておかなければならないときを別にして、ICレコーダーをメモ帳がわりにして頼るのは危険です。「あとでまた聞くことができる」という気のゆるみが出て、どうしても聞き方やノートの取り方がおろそかになりがちです。また、聞き直すのは二度手間になります。たとえ録音をしていてもあくまで一回勝負のつもりで耳を傾けることが大事です。

事前の準備と予測が大事

しかし、いくら真剣に話を聞いても、その内容を理解し、うまく整理できなければ、第三者に報告することはできません。講演になれば理解と整理は欠かせません。

「心得その六」で、「理解不足のことは伝わらない」ということを学びました。「報告をうまくまとめられない」という悩みの原因の一つに、そもそも内容についての理解が足りないという実態があります。もし講演のようにあらかじめ内容が予想できるのであれば、事前に準備をしておくことが必要なのです。

例えば講演のテーマが、「自然災害にどう対処するか」だったら、台風、地震、豪雨などの自然災害とその対策について、たとえ時間がなくても、インターネットなどである程度のことは調べられます。もちろん、余裕があれば本を探して読むのもいいでしょう。

あるいはその講師について調べておくことも有効です。経歴や著作、業績などのプロフィールを知っておけば、「なるほど。そういう経験があるから、こういう意見なのか」と、著者の考えの背景を想像したり、深く理解したりすることができます。こうした事前の知識は、植物の種を蒔《ま》くとき、あらかじめ土を掘り起こして酸素を入れておくと種がよく発芽し育つのと同じで、話の内容をスムーズに理解する助けになります。

もし、事前にそうした準備のできない環境であれば、講演で配られた資料に目を通すのはもちろんのこと、よく理解できなかった部分についてはあとから調べてみるのがよいでしょう。話をうまくまとめるには、単に「話をまとめる技術」を磨くのではなく、手間をかけて話の内容をより深く理解するように努めることです。

テーマを確認し、事前の調べが済んだら、講演がどのように展開していくのか、おおよその推測をしておくといいでしょう。「自然災害にどう対処するか」がテーマであれば、おそらく、最初にさまざまな自然災害についての話があり、そのあとで少しでも被害を少なくするにはどうしたらいいのだろうか、といった話になると予測できます。そして具体的な防災対策として、避難の仕方や危険をあらかじめ回避する方法についての話があることが考えられます。

このような予測は、話の大筋をつかむ上で役に立ちます。もちろん予想通りに話が進まないことはよくあることですが、大事なのは話の大筋＝展開をつかもうとすることです。

どうやってメモをとるか

もう少し具体的にメモのとりかたを考えてみましょう。メモをとるというと、すべての情報をもれなく書き留めようとする人がいますが、それは無理ですし、話の流れもつかみにくくなります。メモをとるのは、話のポイントだけに絞《しぼ》ります。

さきほど話の展開を予測して聞く必要性に触れました。講演が進むなかで、「あ、いま防災の話に入ったな」とか、「避難の説明に移った」というように、予測していた内容が始まったと思ったら、そこに「防災」、「避難」など、話の展開のなかで重要となるキーワードをメモしておくとよいでしょう。あとで、このキーワードを軸に内容を整理していくことができます。

また、数字もキーワードのように重要な意味をもつことがあります。「土砂崩れの危険地域がたくさんある」という話に関係して、▲▲地域には「三二カ所も」というのがポイントと思えば、この数字をメモしておきます。あとで話をまとめる上で、こうした数字が象徴的な意味をもってくることがあります。

もちろん、予測していなかった内容が話題となった場合でも、いま何の話をしているか、ということがわかったら、それを目立つように書いておきます。

さらに、ただ発言者の言葉を記録しておくだけでなく、それに対する自分の印象も書き留めておきます。講演者がとくに強調していると思われたところであれば「強調」と書いたり下線を引いたり、あるいは聞いていて内容に疑問を感じた部分があれば「疑問」や「?」とつけておくなど、自分のルールで書き留めます。メモは誰かに見せるものではなく、自分だけのためのものです。わかりやすい自分なりのルールを決めておくのも重要です。繰り返し使っているうちに慣れてきて、便利です。このように自分の印象も記しておくと、あとで強調すべき点を確認したり、疑問点を調べたりして、内容をよりわかりやすくまとめることができるからです。

ところで、講義や講演を聞いてまとめようとすると、まず話の内容を追いかけていくことで精一杯になって、その話のなかで「あれ、おかしいな」と思っても、そのまま聞き流してしまうことがあります。しかし、人の話のなかに事実誤認や説明不足のところがあるのは、ふつうのことです。疑問に感じたところは、そう感じた自分の感覚や判断を大切にして、あとで検証してみましょう。講義や講演の内容をまとめるときには、疑問点を文章に書くことはありませんが、意見や感想を求められる場合は、「〜という点については、違う見解を述べている専門家もいる」というように、調べた結果を用いて自分なりの評価を書くことができます。

報告書にまとめるときの注意点

さて、こうしてとったメモを、いよいよ報告書の形にまとめていきます。そのとき、どのような点に注意したらいいでしょうか。

一つ目は、内容を整理することです。講演の際、話をする人は事前にある程度話の内容を考えてきますので、基本的には講演の話の展開にそって、報告書をまとめればよいでしょう。しかし、話しているうちに話が前後することはよくあります。「さきほどは言い忘れましたが……」と付け足したり、あるいは会場からの質問に答える形で「ではその点について詳しく説明すると……」と補足されることもあります。

ですから、書き留めたメモを頭からつなげても、まずまとまりません。メモを頭からつなげるのではなく、話題ごとに整理することが必要です。会議では講演よりも話が前後しやすいので、何について話されたか、という小さなテーマごとに、メモを整理することがより大切になってきます。

二つ目は、ただ要約するだけでなく、聴衆の様子や講演に対する自分(書き手)の見方を出すことです。場合にもよりますが、会場はどういう雰囲気だったか、自分はどう感じたかということも報告の大事な要素になることが多くあります。ただ、このとき「心得その五」で見たように、客観的な視点と「私」の視点をまぜこぜにして書かないことが大切です。「私」の視点を出すときは、はじめや終わりにまとめて書く方が読みやすい文章になります。

三つ目に、発言のまとめ方についてです。講演の場合は発言者は基本的に一人ですが、対談の場合もありますし、シンポジウムのパネルディスカッションのように多人数が議論をすることもあります。また、会議の報告書をつくる場合は、当然多くの発言内容をまとめなければなりません。そのときに重要なのは、「心得その五」で説明したように、発言と地《じ》の文を頻繁《ひんぱん》に混ぜないことです。

重要な発言であれば、発言したままをカッコ(「　」)でくくって書くのはいいのですが、それは一部にとどめ、それ以外は、その内容を自分で地の文に置き換えるようにします。例えば、「「私はその企画案については、人員の面から考えて実現できないと思うので絶対反対です」と、C課長が言った」というのは、「C課長から、企画案に対し人員面からの強い反対意見が出た」と置き換えることができます。

さくらさんのチャレンジ

では、さくらさんのメモと報告書を見てみましょう。事前にわかっていることは配布されたチラシから以下の通りです。

講師のプロフィール　立浪寛太さん、二九歳。▲▲大学国際関係学部卒。現在××音楽企画(株)勤務、音楽ライブやコンサートの企画と運営に携《たずさ》わる。

まず、さくらさんは立浪さんの四〇分間の講演を聞いて、次のようなメモをとりました。

仕事につくまで　中学生時代から趣味。音楽関係の仕事にどうしてもつきたい。「ほかの仕事は一切考えなかった」。狭き門、卒業後数社受けるが失敗。焦る。先輩からアドバイスを受ける。ほかの仕事でアルバイト。チャンス狙ってまずアルバイトとして入る。一年後契約社員に。知人に別の会社を紹介、転職。

仕事内容　ライブ、コンサートの企画のサポート、運営にかかわる。

大変なところ　土日休み関係なし。準備を間違えたら大変、緊張感。だめかと思ったときも。仕事は全国各地。

やりがい　身近で見る楽しさ、アーティストとの関係、観客の反応、協同作業。

アドバイス　本当にやりたいのなら時間はかかるががまん。でもこだわるのは危険かも。人間関係の大切さ、人とのつながりで新たな展開。

以上のメモと記憶をもとに、次のような報告書を書きました。

好きなことを仕事にするために　〜立浪寛太さん講演

毎年一一月に卒業生を招いて行われる講演が、今年も一一月二日に本校講堂で行われた。二〇〇一年春に本校を卒業、現在は音楽業界で働く立浪寛太さんが「仕事選びのポイント」という題で話をされた。若者に関心のある分野で働いている先輩の話でもあり、みな楽しみにしていたようだ。

中学生のころからロック音楽に熱中していた立浪さんは、大学に入るころには将来音楽業界の道に進むことを考え、就職活動でもレコード会社など音楽関係の会社だけに絞って受けた。しかし音楽業界の景気がよくないこともあって、すべて失敗してしまった。

音楽業界以外への就職を考えなかった立浪さんは、飲食店などでアルバイトをしながら就職の機会をねらった。音楽業界にいる先輩からのアドバイスを受けて、正社員にこだわらず、まずアルバイトでも契約社員でもいいから業界に入る、ということを目指した。そして、インターネットでアーティストの情報などを配信する会社に、契約社員として入社することができた。しかし、もっと生の音楽演奏に関わる仕事をしたいと思いはじめたころ、仕事を通して知り合った業界の先輩に誘われて、現在の会社に入ることになった。

立浪さんのいまの仕事は、さまざまなコンサートを企画し運営すること。実際に全国各地のコンサート会場を回って、アーティストが万全の態勢でステージをこなせるように縁の下の力持ちとして働いている。

現在の仕事で大変な点について、立浪さんは、準備段階で一つ間違えたら大変なことになる、という緊張感と出張続きで体力的にきついことをあげる。やりがいは、コンサートが成功し観客が満足してくれた様子を多くのスタッフと共に見ること。また、身近で生の優れた演奏などに接したときに音楽の仕事に携わってよかったと実感しているそうだ。

卒業後友人たちがつぎつぎに就職していくのを見ると一時は焦った立浪さんだが、小さなチャンスでもいつかやってくるだろうと楽観的に考えることにしたという。好きなことを仕事に結び付けようと思ったら、焦らず少しずつ近づくようにしたらいいのではと立浪さんは強調した。

話のなかでは、私たちの知っている有名アーティストの名前などがあげられたので、みんな関心をもったようだった。具体的な仕事の様子がでたときはみんな一生懸命聞いていた。約四〇分の話のなかで「ほかの仕事につくことは一切考えなかった」という立浪さんの言葉が印象に残った。

報告は、①基本的なこととして、この講演会がどういうものか、講師はどういう人で、何について話したか、さらに生徒の様子はどうだったかをまとめています。「心得その三」で学んだように最初のこの段落で概要がわかるようになっています。以下、②立浪さんが音楽に興味をもった経緯、③就職までの過程、④現在の仕事の内容、⑤苦労とやりがい、⑥後輩へのアドバイス、⑦聴衆の反応と筆者の感想、という形でまとめられています。
「仕事は全国各地」という内容は、メモでは「大変なところ」に書きましたが、報告書では、「仕事内容」のところにまとめて紹介しました。またなかなか就職が決まらずに焦った話も、就職の経緯の箇所ではなく、「アドバイス」のほうにまとめてみました。

うまく報告書が書け、顧問《こもん》の先生にも褒《ほ》められたさくらさん。いつか自分もここで講演ができるように、いい仕事をみつけてがんばりたいな、と夢が膨《ふく》らんできました。

ケース7

「報告」のまとめ

- 話をまとめるときは、どう伝えるかを考えながら聞く
- 話題について、事前に調べておく
- 話の展開を予想しながらキーワードをメモする
- まとめる際には、まずメモを話題ごとに整理する

ケース 8

説　明

学校案内をしよう

美里《みさと》さんの高校では、県外からの進学者を積極的に受け入れています。毎年、県外から進学を希望する生徒や保護者のために、オープンスクールを開いています。美里さん自身も、中学三年生のとき、このオープンスクールに来て、美しい景色《けしき》と活発な校風にひかれて進学を決めました。

そのオープンスクールを、今年から生徒が中心となって行うことになりました。生徒の目から学校を案内しようという趣旨《しゅし》です。美里さんは、その日に配る学校案内を担当することになりました。

楽しい日記形式にしようと思っていた美里さんですが、生徒会の仲間から、「この学校案内はちゃんと、進学希望者に必要な情報を載せた真面目なものにしてよ。自分のことだけ書いちゃだめ」と釘をさされました。真面目な文章が苦手な美里さんは悩みましたが、友達や先輩と相談しながら、きちんとした文書をつくることにチャレンジしました。

理解されない説明は意味がない

日常生活のなかでは、何かを説明する文書をいたるところで見かけます。カメラの取扱説明書や料理のレシピ、薬の飲み方・使い方、行政からのゴミの出し方についての注意、大学の入試願書の提出方法など、私たちの身の回りは言葉による説明であふれています。

では改めて「説明」とは何かというと、辞書によれば「事柄の内容や意味を、よく分かるようにときあかすこと」(広辞苑)、「よくわかるように述べること。ときあかして教えること」(大辞林)とあります。つまり、相手に「よくわかるようにする」ことです。

となると、「一生懸命説明したけれど、説明が下手で相手は理解できなかった」という場合、厳密に言えば、その説明は説明でないことになります。「(相手に)よくわかるようにしようと努めた」というだけで、実際には、よくわかるようにはなっていなかったからです。

つまり、「説明する」のも「伝える」と同じで、相手にわかってもらえないと意味がないということです。

重複表現や過剰な敬語はいらない

説明文の書き方のポイントは、第一に「簡潔《かんけつ》に表現する」ということです。説明を読む（聞く）人は、その説明自体に興味があるのではなく、説明によって知りたい内容が明らかになることを求めています。当然早く理解できるならそのほうがいいと思うでしょう。だから文章は簡潔にして、必要十分な情報を伝えるべきです。

まず、文章を必要以上に長くしないことです。文章全体（文書）についても、一つひとつの文についても、それぞれ注意します。省略できる表現は省略し、重複しているものはまとめます。

製品の説明書は、長すぎてわかりにくいし、分厚い説明書を見ただけで読む気がしなくなる、という人は多いのではないでしょうか。例えばあるカメラの取扱説明書では、「正しいカメラの構え方」の説明として、「図のように持ち、脇をしっかり締めてください」からはじまり、以下、「～してください」「～してください」と、延々《えんえん》と「してください」という言葉が繰り返されています。これを、例えば最初に、「構え方については次のような点に注意してください」と書き、「一、図のように持ち、脇をしっかり締める。二、……」とすればすっきりします。もし全体をこんなふうに書いたら、この説明書はもっと薄くできるはずです。読む側だけでなく、説明書をつくる側にも効率的です。

また、説明する際に相手に丁寧な態度をとることは大切ですが、過剰《かじょう》な敬語は必要ありません。最初に、「以下の説明をお読みになり、ご記入のうえ、ご返送ください」などと敬語で説明したら、そのあとの説明自体は、事務的にシンプルに書いた方が相手にも親切です。「まず、所定の場所にお名前を書いていただき、その隣にご印鑑を押していただきます」などというのは、わかりにくいだけ。「まず所定の場所に名前を記入し、隣に印鑑を押します」で十分です。

また、表現だけでなく、文章の構成も簡潔にする必要があります。そのため、同じ種類のことに関する文章は、まとめて表現したほうがいいでしょう。これはケース7の「報告」でも述べました。例えば、自分の住んでいる町について説明する機会があったとします。町の姿はさまざまな角度からとらえられますが、場所や広さや人口などはいずれも地理的な基本情報なので、まとめて書きます。同様に歴史、産業、人物などについての説明も、それぞれまとめて書いていくとすっきりします。

書棚に本を並べるときのことを考えてみましょう。参考書や小説や漫画をあれこれ一緒に並べるより、それぞれジャンルごとに並べたほうが、全体としてどこに何が置いてあるかがわかりやすく、目当ての本を取り出しやすいですね。それと同じように、文章も話題が入り混じって表現されると煩雑な感じになります。読むときに理解しにくいのはもちろん、あとから読み返すときも、目的の箇所を探すのに手間取ってしまいます。

その専門用語、本当に必要?

しかし、一方で省略しすぎるのも、わかりにくい原因となります。「心得その四」で説明したように、説明不足では相手に伝わらないのです。説明不足にはいろいろなパターンがありますが、ここでは、単語の使い方についての注意点をお話しします。

説明する内容が、税金、医療、法律、金融などの専門的な分野である場合、説明する側はその分野に詳しいので、つい専門用語をそのまま使ってしまい、それが受け手に通じないことがあります。これも、その語が何を意味するか説明されていないためにわからない、という意味で、説明不足の一種です。

例えば、税金の話のなかでは、よく「控除《こうじょ》」という言葉が出てきます。「(金額を)差し引く」という意味です。でも、まだ税金になじみのない若い人には意味がわからないでしょう。そういう人に説明するときには、「控除というのは「差し引く」という意味です」と最初に説明してあげてから、その後「控除」という言葉を使えば親切でしょう。常に説明する「相手」のことを考えて、その人にあった言葉の選び方をしなければなりません。

同じように気をつけたいのが、最近はやりのカタカナ語や外国語です。例えば「コンプライアンス」(compliance)という言葉があります。企業などが社会的な責任として法令や社会規範を守る、という意味で、「あの企業はコンプライアンスへの取り組みが足りない」などと使われます。もともとコンプライアンスは「遵守《じゅんしゅ》」とか「従順《じゅうじゅん》」という意味ですが、とくに企業活動についてこのように使われるようになりました。

しかしこの語は、まだ多くの人にその意味が浸透しているとは言えないでしょう。企業活動についてある程度専門的に議論する場ならこの言葉を使っても問題ないでしょうが、もし単に「企業は法令などを守るべきだ」というだけなら、そのように日本語だけで表現すればいいことです。

「この言葉を使うと知識が豊富に見えるから」「かっこいいから」などと言った理由で、むやみにむずかしい言葉を使わないことです。相手や状況に合わせて、最適な言葉を選べるほうが、ずっとスマートなのです。

若者言葉や業界用語も要注意！

また、若者にしかわからない表現や、地元や仲間内でしか通じない言葉にも要注意です。とくにスマホなどのコミュニケーションツールやファッション、音楽などに関しては、世代によって知識に大きな差があります。

例えば、LINEの「スタンプ」や、ファッションでは「ボトムス」やズボンを意味する「パンツ」という言葉がその例です。

若い人には常識でも、大人には通じないことが多い言葉はいくつもあります。それを目上の人に当たり前のように使うと、相手はちょっとバカにされたように感じるかもしれません。もしその語をどうしても使う必要がある話題のときは、やはりその用語の意味を最初に説明する必要があります。

また、「業界用語」と呼ばれる言葉にも注意しましょう。とくに芸能界や放送業界の言葉は、いまではテレビを通じて一般にも使われますが、たいてい口語的な表現で、文書には適しません。「噛《か》む」(はなしの途中でつっかえる)や「かぶる」(複数の出演者が同じようなことをしたり、映像のなかで姿が重なってしまう)などは、エッセイのなかで使う分にはかまいませんが、説明文には通常は用いないほうがよいでしょう。「リプする」(返信する)なども同様です。

固有名詞は慎重に

地名や人名などの固有名詞も、説明する側にとってなじみのあるものだと、つい説明抜きで使いがちですが、一般になじみのないものは説明を加えた方がいいでしょう。

また、固有名詞の省略にも注意が必要です。少なくとも、その文書のなかで最初に登場する箇所では、たとえ長くても正式な名称を書くべきです。人名を苗字《みょうじ》だけで書いたり、学校名や会社名、団体名などを最初から省略形で書くのは、まず伝える相手に対して、不親切です。同姓同名の人は大勢いますし、会社名でも正式名で表記しないと相手が調べられなかったり、ほかの会社と勘違いすることもあります。また、その名称の関係者に対しては、失礼にあたることになります。勝手に会社名を省略されるといい気持ちはしないものです。

言葉が省略・変更された文章はいたるところで見かけます。インターネットで調べて「この言葉は結構省略されているからいいかな」と判断するのは危険です。他人に何かを説明する場合、少なくとも最初に書くときは正式な表記を用いるべきです。

美里さんのチャレンジ

以上のようなことを踏まえて、美里さんが書いた「学校案内」を見てみましょう。

▲▲県立第五高等学校・学校案内　～地域密着型・アットホームな雰囲気！

私たちの通う▲▲県立第五高等学校は、古くから「五高」という愛称で呼ばれてきました。自然環境に恵まれ、地域と密着したアットホームな雰囲気が自慢で、近年、県外からの進学者が増えています。グラウンドは広く、部活も運動、文化ともに盛んです。寮生活では、困ったときのサポート体制も充実しています。

みなさんに我らが五高について、ぜひ知っていただきたいことをまとめました。

■校風

五高の校風といえば、なんといっても地元とのつながりが深いことです。地元の方々との温かいつながりによって、私たちの学校生活はとても豊かなものになっています。

その一つが、「地域おこし部」の活動です。これは通常の部活動とは異なり、全員が参加する活動で、月に一度、地域の方々と一緒に、地域の問題を考えたり、イベントを企画したりしています。とくにおじいさんやおばあさんからは、伝統産業について教えていただいたり、名物の「みそ茶漬け」の作り方を指導していただいたりと、いつもお世話になっています。

また、毎年秋には、地元の伝統行事である「うっちゃり祭り」に参加し、クラスごとに山車《だし》を作成しています。

■生活

県外からの新入生は、寮で生活することになります。お風呂は共同で、朝と夜は食事が出ます。お昼も希望者にはお弁当を作ってくれます。共同生活なので、食事の時間や消灯時間、外出の届けなどの決まりはありますが、日々仲間と悩みや楽しみを共有し、かけがえのない時間をともに過ごすことができます。また、困ったことがあれば相談することができる相談員の方が、生活についてサポートしてくれます。

■環境

西は日本海、東は××山脈に囲まれて、自然に恵まれた、静かな環境のなかに位置しています。春には校門から校舎へつづく道ぞいに桜が咲き、秋には校庭のシンボルツリーである大銀杏が色づきます。

■歴史

昭和四〇年、県内で一〇番目の県立高校として創立した五高は、普通科四クラスと商業科二クラスではじまりました。その後昭和六〇年に商業科はなくなりました。人口の減少とともに一時は二クラスにまで減りましたが、平成一五年から、県外進学者を積極的に受け入れるようになり、現在では普通科四クラスで、男女一六二人が学んでいます。その約三割が県外の出身です。

■進路

卒業生の進路は、毎年ほぼ約六割が進学です。そのうち六割が県外の大学、専門学校で、四割が県内の大学です。福祉《ふくし》関係が目立っているほか、東北内の公立大学への進学者も増えてきました。

就職先は町内は一割ほどで、町内を含む県内で約六割となっています。県外出身者に限っても、その割合はほぼ同じです。就職先でも福祉、医療関係が多く、また流通関係にも多数が就職しています。

進路については、二年生のはじめから進学、就職へ向けたそれぞれの進路指導と対策を開始し、生徒の意識を高めるような授業が行われます。

■部活動

五高は部活動にも力を入れています。校庭はサッカーコートと野球グラウンドがともに一面ずつとれるほど広く、サッカー部、野球部はもちろん、陸上部、軟式テニス部などが、日々練習に励《はげ》んでいます。とくに、女子陸上では長距離で県大会入賞を果たすなど活躍が目立っています。体育館では、バスケ部やバレー部、バドミントン部、体操部が日々練習に励んでいます。また、運動部だけでなく近年ではイラスト部や写真部の活動も活発に行われています。

それぞれの部活では経験を問わず新

入部員を大歓迎しています。勝つことだけを目標にするのではなく、親睦を深めて充実した学校生活を送ることを目指しています。

私たちは県外からの新入生のみなさんを、心よりお待ちしています!

第五高等学校生徒会

美里さんは、学校をさまざまな面から見て、客観的に説明することができました。しかし、ただ思いついたままに内容を並べたわけではありません。

まず、今回の学校案内は、県外の中学生とその保護者に向けたものです。「心得その一」で述べたように、主な読み手はこうした人たちであることを考慮しました。そして、次に「心得その二」で触れた、要点(ポイント)としての「見出し」をつけました。

さらに、「心得その三」で説明したように、学校案内全体として、強調したいところを最初に簡単にまとめました。これで最後まで読まなくても概略《がいりゃく》はわかります。そして、案内の構成（順番）も、通常は、歴史や地理的な環境などから始めることが多いですが、ここでは大事なこと、つまり、県外の中学生や保護者にとって最も関心があるだろうことをはじめのほうにもってくることにし、地域密着という自慢の校風の次に、寮生活について説明しました。

全体としては、自分の学校の紹介ですから、学校に対する愛情や誇りが根底にあることが理想です。その上でこれから進学してくるかもしれない中学生やその保護者に、本校に関心をもってほしいという願いをこめてやさしく説明することを心がけました。

話題ごとに必要な情報をしっかりコンパクトにまとめています。最初に、「五高」という愛称を説明してから使い、「地域おこし部」など、その学校や地域に特有のものを、県外の生徒や保護者にもわかるようにきちんと説明しようとしているのも好印象です。

美里さんはできあがった文書をもって、生徒会の本部に行きました。「美里もやればできるじゃん！」と褒《ほ》めてもらい、大きな自信になりました。新入生が入ってきたら、先輩としてきちんと助けてあげよう、と意気込む美里さんでした。

ケース 8
「説明」のまとめ

- 説明はわかりやすく簡潔に
- 表現の重複は避けるが、安易な省略はしない
- 専門用語、カタカナ語など一般的でない言葉の使用は控《ひか》える
- 固有名詞の扱いは慎重に

企画・提案
イベントの企画書をつくってみよう

拓海《たくみ》くんは、農業高校に通う二年生です。将来、農業に携《たずさ》わりたいと思っている拓海くんにとって、いかに日本の農業を盛り上げていくかということは、とても身近な課題です。とくに、長年後継者不足と言われ、みるみるうちに数を減らしていく地元の農家をなんとかしなければならない、と日々考え、同級生ともよく話題にしています。

ある日、友達と、「地産地消《ちさんちしょう》」の取り組みを自分たちでもやってみたい、という話になりました。「地産地消」というのは、地元で生産したものを地元で消費する、ということです。つまり、地元でつくった農作物を遠くに出荷するのではなく、地元で食べてもらえるようにしたいと考えたのです。

そのために拓海くんたちは、「地元の食材を使ったアイデア料理フェスティバル」というイベントを、学校内で文化祭のようにやったらどうだろうと考えました。親しい何人かの先生に話してみたところ「なかなかいいアイデアだ」と言ってくれました。

しかし、いざ実行するとなれば、学校のイベントになるので、校長先生をはじめとした先生方の協力が必要なのはいうまでもありません。また、地元の人たちの協力を得るためにも、先生方の指導を仰がなくてはいけません。まずは先生方に向けた企画書をつくる必要がある、と担任の先生に言われました。

そこで、有志がこの先生と相談して企画案をつくり、関係者に呼びかけることにしました。

説得力が必要

企画書というのは、学校生活や学習のなかではほとんど出てこない文書です。しかし、社会に出て仕事を持つと、企画書やこれに類するものによく出合います。イベントや事業など、何かを計画したり立案することを企画と言い、企画について説明する文書のことを企画書や提案書と呼びます。

企画の対象は、例えば新製品の開発、町内会の盆踊り、市民マラソン大会などさまざまです。学校でも文化祭で行うイベントについて、何をどうやるか、事前に計画してまとめることがあると思いますが、これも企画の一種です。

企画書というのは、当然、企画を実現させることを目的につくられます。そして、企画を実現させるためには、ふつうそれに関わることになる関係者の協力や賛同が必要です。もちろん、その企画が受け入れられるかどうかは、基本的には企画そのものの内容によります。しかし、いくらよい企画でも、へたな企画書ではその内容が理解されません。さらに、「その企画いいね。ぜひやろう」と思ってもらえるように、企画の意義や価値を共有してもらわねばなりません。企画書では、単に「説明」するのではなく、「説得」する力が必要なのです。

企画書に必要な要素とは

内容を説明し、説得力のある文書をつくるためには、これまでに学んだ心得を思い出すことが大切です。とくに大事なのは「心得その六」です。相手を説得したいのであれば、当然自分はその企画に関する情報をしっかり調べ、整理しておかなければなりません。とくに仕事で作成する企画書なら、企画のねらいを裏付けるようなデータや現象はあるのか、過去に似たような企画はなかったのか、その成績はどうだったのか、など調べることはたくさんあります。

企画を実現するには、実現するための手段や道筋が必要です。企画書のなかには、すでに大枠《おおわく》で実現することが決まっている企画を正式な形にまとめるというタイプのものと、実現できるかどうかは企画の内容次第という構想段階のものとがあります。もし前者であれば実現のための手段や道筋については、より具体的に記す必要があるでしょう。

さらに、企画を実現させる上では、たいてい何らかの障害や問題点があります。企画書にはそのことも書いておく必要があります。課題を提示できるということは、それだけ自分の企画を客観的に見ることができているということでもあります。もちろん、それらの課題について解決方法があればそれも記しておきます。

企画書はたいてい会議に諮《はか》られます。そこでは、さまざまな質問がでるでしょう。したがってそうした質問を想定して、答えられるだけの準備がなければ、「真剣みに欠けている」とか「もう少し調査が必要だ」と、異論が出てくるでしょう。提出段階では、できる限りの事前の準備が必要です。

ここまでで述べた企画書に盛り込むポイントをまとめると、次のようになります。

①その企画の趣旨《しゅし》（意義・価値）は何なのか
②その企画はどういう内容なのか
③その企画はどうやったら実現可能なのか

社会ではおそらく毎日どこかでなんらかの企画書がつくられ、そのうちいくつもが残念ながら実現に至らずお蔵入《くらい》りしています。せっかく書いても生かされない企画書は数えきれません。私もそうした企画書をいくつも書いたことがあります。しかし、書かない限り議論も検討もしてもらえません。どんな文書でも、作成する以上はその目的を達成できるように仕上げたいものです。

自己PRの場合

企画書(提案書)は、いわば自分のアイデアの売り込みですが、自分自身を売り込むのが自己PRです。若いみなさんには、好むと好まざるとにかかわらず、自分の長所をアピールしたり自己紹介したりする機会がこの先何度となく訪れるでしょう。みなさんに最も身近な機会で言えば、受験や就職活動のときがそうです。そこで、ここでは自己PRの書き方についても少し伝えておきましょう。

とくに就職活動のエントリーシートや面接ではさまざまなことを問われます。「あなたの自己PRを書いてください」、「あなた自身について、その長所と短所を書いてください」といった単純なものから、「あなたが今日まで経験したもっともつらい体験と、それをどう乗り越えたかを書いてください」、「あなたの能力が当社にどのように貢献《こうけん》できるか聞かせてください」といった絞《しぼ》り込んだ課題もあります。

いずれにしてもこれらで問われているのは、ほとんどあなた自身についてです。自分自身について書くのだから、あまり調べることはありません。代わりにこの場合には、自分を見つめて、自分自身と対話し、自分自身への取材をしてみます。これまでの自分が何をしてきたか、どんな思いをしたかを振り返ってまとめてみることです。そして、細かなことでもいいので、過去の出来事や出会った人々、またその言葉などを思い出して書き留めておくとあとで役に立ちます。自己ＰＲに説得力を持たせるためには、これらの材料が欠かせません。

自分自身の「ねばり強い」という性質を、いくら「辛抱強い」とか「最後までやり通す」とか「黙々と目標に向かって努力する」といった抽象的な表現で言い換えたとしても、言葉はすぐに尽きてしまうし、それを読む人にも目立った印象を与えません。

それよりも「ねばり強い」ということを裏付ける具体的な体験や、経験から生まれた考えを書くことです。それが説得力となり、印象にも残ります。あなただけが経験した事実は、ほかの誰にもまねすることができない固有のものなので、自信をもって述べてください。例えば次のような自己ＰＲはどうでしょうか。

ラストスパートが強みです

仕事でも勉強でも人にはそれぞれペース配分というものがありますが、私は最初に飛ばすのではなく後半から終盤にかけて力を発揮するのを得意とします。

大学受験のときは、二カ月間で七つの大学を受けました。友人たちが後半疲れ気味で集中力が薄れてきたのに対して、私は最後まで一定のペースで勉強することができ、一番最後に受けた第一志望に合格できました。

大学時代は、インターンシップで地域情報誌の広告営業の仕事に一カ月携わりました。毎日、若い社員の方と一緒に広告主との打ち合わせをしたり、新規の広告をとりに行きました。まさに足を棒にして歩き回りましたが、半月過ぎても小さな広告一つとれませんでした。

しかしいつかとれると信じて、ひたすら中小企業や商店などを回ると、徐々《じょじょ》に反応がよくなってきました。自分でも「あと一押しだ」と手ごたえを得ました。そして最後の週。以前にもまして多くの営業先を回っていると、二件小さな広告がとれました。「君のラストスパートはすごいね」と編集長にほめられると、まだまだやれる気がしてきて、「これが自分の強みだ」と確信できました。この点を仕事のなかで生かしていきます。

「テンション」は高くなく、ギラギラした意気込みはありません。むずかしい言葉なども一切使っていません。しかし、体験に基づく確かな個性が出ています。

拓海くんのチャレンジ

さて、話を拓海くんに戻しましょう。拓海くんは、先生たちを説得するために、いったいどんな企画書を書いたのでしょうか。

地元食材によるアイデア料理フェスティバル　～地産池消を高校で実現！

●趣旨

海産物や野菜、肉、卵など、地元の食材を使ったさまざまな料理をつくって地域の人々に提供することで、地元食材の魅力をアピールし、改めてそのすばらしさに気づいてもらう。同時に、私たち生徒も食材への理解を深め、地域との交流を図ることで、今後の学習により意欲的に取り組めるようにする。

●内容

地元食材を使った料理を校内調理室でつくり、招待した一般市民に校内の中庭で味わってもらう。

- 食材は地元の漁協、農協から提供してもらう。
- メニューは、生徒からの意見を募《つの》り、アイデア料理一〇メニューを考案する。
- 調理は、先生の監督のもとで生徒が担当する。各クラスより調理希望者を募るが、応募者多数の場合は抽選とする。
- 開催日《かいさいび》は、一〇月の週末の一日を予定。
- 地域の人々への告知には、ポスターを作成する。
- 当日は、地元食材の魅力を紹介するチラシを配布し、さらに理解を深めてもらう。

●実現のための手段と課題
•有志を中心とした実行委員会を学校の協力を得て組織する。

•地元の漁協、農協からの協力がどの程度得られるか。漁協や農協がスポンサーになってくれるか。有償で食材を得る場合の費用はどう賄うか。↓漁協、農協や日ごろ学習を通じてつながりのある農家を訪問して、どの程度協力を得られるかを確認。

•生徒がどれくらい積極的に参加し、メニューやアイデアを出してくれるか。↓生徒にも意義を伝える機会を設ける。

•当日、人は集まるか。↓ポスターを自治会の掲示板や農協などに貼らせてもらえるか確認。


いかがですか。企画名にはサブタイトルをつけて、「地産池消」という言葉を使って、注目されるようにしています。企画名とサブタイトルは、「心得その二」で触れた、要点としての見出しにあたります。

構成はどうでしょう。最初に企画の「趣旨」を書きました。これが、「心得その三」でいう、もっとも大事なことであり、はじめに訴えることです。何のためにやるのか、この点に説得力がなければ、その後の内容は正しく理解されません。

企画内容は、要素がいろいろあるので、箇条書《かじょうが》きにしました。そして、「実現のための手段と課題」という項目を設けて、どのような問題にみんなで取り組むべきかを整理しました。

企画発表はとても緊張しましたが、先生たちには大好評でした。さっそく、実行委員会を立ち上げ、依頼に飛び回る毎日です。生徒からもメニューのアイデアがいくつか挙がってきました。地元の人とも仲良くなってきて、開催の日が待ち遠しい拓海くん。地場産業の未来も明るいような気がしてきました。

ケース９
「企画・提案」のまとめ

- 企画・提案のカギは説得力
- 構成は、趣旨／内容／実現方法
- さまざまな質問に答えられる下準備が重要
- 自己ＰＲは、具体的な事実をもとに

おわりに

「これは大変なことになってきた」――、この本を書きはじめて間もなくそう気づきました。「伝えるための方法」について書いているのに説明の仕方がうまくなくて読者に伝わらなかったら、この本の内容自体も信用されないのではないかと思ったからです。包丁さばきがぎこちない料理人が、料理についてあれこれ語っても、あまり信用してもらえないのと同じです。

ですからなんとかわかりやすく伝えようと努めてきました。しかし、まだまだ改善の余地があったかもしれません。例えば、丁寧にと思って説明を細かくしすぎるとややこしくなり、かといって簡単にすると不十分のような気がして、さて、どうしようかと迷ったことが何度かありました。改めて説明のむずかしさを痛感しましたが、そんなときは、この本で自ら掲《かか》げた「心得」を思い出し、考え直したり書き直したりしてきました。

「はじめに」に書いたように、この本は、学術的な研究に基づいた方法論を紹介するものではありません。こんなふうにしたら事実や考えがうまく伝わり、もっと人と人とが理解し合えるようになるのではないか、という私の考えをもとにまとめたものです。

伝わることがなければ、理解し合うことなど到底できません。少し大きな話になりますが、社会問題についての昨今の議論を聞いていると、内容よりも議論の仕方そのものに違和感を覚えることが多々あります。相手が理解しようがしまいが、とにかく自分の考えを主張するのに熱心な態度が目につくのです。一方、話を聞く側も、自分と違う意見に出合うと、一種の拒否反応を示して、激しく反論する(自己主張する)という姿が多く見られるような気がします。

議論は「言葉による戦い」でもあり、相手を言い負かすことを目的とする面があることは理解できます。しかし、反論のための反論をする前に、「なぜあの人は、そういう考え方をするのだろうか」と冷静に考え、この点について相手に尋ねるなどして、掘り下げてみてはどうでしょうか。きっと根本的な考え方の違いが浮き彫りになるでしょう。

考え方や価値観というものは、どちらが正しいか正しくないかを簡単に決められないし、また決める意味もない場合が多くあります。だから、うまく考えを伝え合い、互いの考え方の違いを理解し合えば、ただ意見をぶつけ合うような表面的な対立を超えて、議論がより実のあるものになるはずです。

このように自分の思いや考えを、うまく伝えられることは、相互理解を深め、人間関係や組織の運営を円滑にします。しかしそれだけではありません。個人と社会との関係でみれば、それは、社会に対する自らの働きかけをより有効にするはずです。つまり、伝える力を養うことは、社会的な力を育むことにもなるのです。

この本では伝える立場にとっての注意点を中心にまとめましたが、よりよく伝わるためには、わかってもらおうとする(伝える)努力と、わかろうとする(理解する)努力という二つの力が相互に働くことが理想といえるでしょう。

うまく言葉にできないことはあるし、言葉にしても伝わらないことがあります。それでも、言葉は、何かを伝える最大の手段です。言葉を大切に、丁寧に使って気持ちや事実を表す努力をつづけたいものです。

この本が完成するまでには、多くの方から知恵と力をお借りしました。紹介した文書の実例などについては、知人の学生や若い社会人のみなさんにご協力いただきました。一人ひとりのお名前は省略させていただきますが、この場を借りてお礼申し上げます。

また、イラストレーターのマツモトナオコさんには、前作につづき、やさしくて愛嬌のあるイラストを描いていただきました。ありがとうございます。そして最後に、同じく前作につづいて、岩波書店の朝倉玲子さんには、企画段階から原稿整理まで長期間にわたって多大な力添えをいただきました。改めて深く感謝する次第です。

二〇一四年一二月

川井龍介

川井龍介
1956年生まれ．慶應大学法学部卒．新聞記者などを経て独立，ノンフィクションや音楽コラムを執筆．主な著作に，学校では教えない実社会を生きる知恵をまとめた『社会を生きるための教科書』(岩波ジュニア新書)をはじめ，作者不詳の歌「十九の春」のルーツを探りながら沖縄・奄美などの戦後史秘話を追った『「十九の春」を探して』(講談社)，青森の弱小高校野球部の青春像を描いた『122対0の青春』(講談社文庫)がある．ブログは「夢の中で風が吹く」(http://ryusukekawai.com/)．神奈川県茅ケ崎市在住．

伝えるための教科書　岩波ジュニア新書794

2015年1月20日　第1刷発行

著　者　川井龍介《かわいりゅうすけ》

発行者　岡本　厚

発行所　株式会社 岩波書店
〒101-8002 東京都千代田区一ツ橋2-5-5
案内 03-5210-4000　販売部 03-5210-4111
ジュニア新書編集部 03-5210-4065
http://www.iwanami.co.jp/

印刷・三陽社　カバー・精興社　製本・中永製本

ISBN 978-4-00-500794-3　Printed in Japan

岩波ジュニア新書の発足に際して

きみたち若い世代は人生の出発点に立っています。きみたちの未来は大きな可能性に満ち、陽春の日のようにひかり輝いています。勉学に体力づくりに、明るくはつらつとした日々を送っていることでしょう。

しかしながら、現代の社会は、また、さまざまな矛盾をはらんでいます。営々として築かれた人類の歴史のなかで、幾千億の先達《せんだつ》たちの英知と努力によって、未知が究明され、人類の進歩がもたらされ、大きく文化として蓄積されてきました。にもかかわらず現代は、核戦争による人類絶滅の危機、貧富の差をはじめとするさまざまな人間的不平等、社会と科学の発展が一方においてもたらした環境の破壊、エネルギーや食糧問題の不安等々、来るべき二十一世紀を前にして、解決を迫られているたくさんの大きな課題がひしめいています。現実の世界はきわめて厳しく、人類の平和と発展のためには、きみたちの新しい英知と真摯《しんし》な努力が切実に必要とされています。

きみたちの前途には、こうした人類の明日の運命が託されています。ですから、たとえば現在の学校で生じているささいな「学力」の差、あるいは家庭環境などによる条件の違いにとらわれて、自分の将来を見限ったりはしないでほしいと思います。個々人の能力とか才能は、いつどこで開花するか計り知れないものがありますし、努力と鍛練の積み重ねの上にこそ切り開かれるものですから、簡単に可能性を放棄したり、容易に「現実」と妥協したりすることのないようにと願っています。

わたしたちは、これから人生を歩むきみたちが、生きることのほんとうの意味を問い、大きく明日をひらくことを心から期待して、ここに新たに岩波ジュニア新書を創刊します。現実に立ち向かうために必要とする知性、豊かな感性と想像力を、きみたちが自らのなかに育てるのに役立ててもらえるよう、すぐれた執筆者による適切な話題を、豊富な写真や挿絵とともに書き下ろしで提供します。若い世代の良き話し相手として、このシリーズを注目してください。わたしたちもまた、きみたちの明日に刮目《かつもく》しています。（一九七九年六月）